NPOメディアが切り開くジャーナリズム

「パナマ文書」報道の真相

立岩 陽一郎
TATEIWA, Yoichiro

公益財団法人 新聞通信調査会

はじめに

２００６年４月、ＮＨＫで新たに始まった『ニュースウオッチ９』のスタジオ。当時、ＮＨＫ社会部記者だった筆者はあるニュースを伝えていた。それは、環境省の支出を過去５年間調べた結果、取引のほとんどが随意契約だったことを告発するものだった。

随意契約とは入札をせずに取引先を決めるもので、国の会計法では入札ができない特別な理由があるときにのみ認められる例外的な手続きだ。しかし当時の環境省は、その比率が９割を超えていた。さらに調べると、随意契約で業務を受けた企業や団体は環境省ＯＢの天下りを受け入れていた。

ニュースでは会計法が形骸化している実態を伝え、これは国会でも取り上げられて全省庁への調査に発展した。その結果、他の省庁でも似たような状況が確認され、時の小泉政権は改めて随意契約の原則禁止を閣議決定した。

それなりに成果を出したと考えていたその年の夏、所属していた社会部の上司に呼ばれ、大阪への異動を告げられた。その際に示された筆者への評価は「B」。「並」といったところだった。ジャーナリストにとって、自らが報じた内容が国会で議論され、その結果、法律や制度がよい方向へ変わるというのは最大の成果と考えられる。ところが、筆者は高い評価を得なかったばかりか、上司から次のように言われた。

「そういう報道は東京ではやらなくていい。大阪では思う存分にやってくれ」

転勤は全国規模で動くＮＨＫでは仕方ないことだが、「そういう報道」という迷惑そうな言い方に冷めたものを感じた。実は、この「そういう報道」こそが本書の縦糸とも言えるテーマでもある。ジャーナリズムの世界では、これを「調査報道」と呼ぶ。筆者はこの調査報道について考えるとき、常にこのＮＨＫでの冷めた言葉を思い出す。

ただ、このときの言葉が筆者を米国に向かわせ、やがてＮＨＫを去る決断へと向かわせた。そういう意味では、このやり取りに感謝しなければならないのかもしれない。また、本書の趣旨は古巣であるＮＨＫの批判にはない。筆者が米国で見て体験した内容を多くの人に知ってもらうことにある。それは、新しいジャーナリズムを切り開く取り組みだった。

NPOメディアが切り開くジャーナリズム――「パナマ文書」報道の真相◆目次

序章

調査報道に重きを置いた米国ジャーナリズムと非営利報道

トランプ大統領のメディア批判

米国の第45代大統領にドナルド・トランプが就任した2017年1月20日、筆者はその就任式の現場にいた。正確には、式典会場の数百メートル先にあるナショナル・モールと呼ばれる国立公園で、4年に1度行われるその儀式を体験していた。

大統領は就任式で国民の融和に言及したが、それは形だけのもので、演説の中で強調されたのは、過去の政権を批判することだった。そして、その批判の矛先は間を置かず、メディアに向けられることになる。

トランプは、この就任式でこそメディア批判を繰り広げることはなかったが、就任後初の業務となった翌21日のCIA本部の視察では、早くもメディアを敵視する次のような演説を行っている。

「私は現在、メディアと戦争状態にある。彼らは地上に存在する人類の中でも、最も不誠実な存在だ」

トランプがメディアを批判する際に使う常套句が「フェイクニュース（Fake News）」だ。このフェイクニュースについてトランプは、2017年2月に「フェイクニュース・メディアは私の敵ではない。米国民の敵だ」とツイートしている。

これは、ワシントン・ポスト紙が、国家安全保障担当の大統領補佐官だったマイケル・フリンが駐米ロシア大使と会っていたことを報じた後にツイートしたものだ。トランプは後に、匿名の情報源を根拠に政権批判を行うメディア全体を指して、フェイクニュースと定義している。

ワシントン・ポスト紙はこの記事で、「ロシア大使の盗聴記録に接することが可能な9人に情報を確認した」としたが、情報源はすべて匿名だった。これについて、トランプは「9人に確認を取ったなど、うそだ」と批判し、フェイクニュースの代表的な事例として挙げている。

その直後にフリンが辞任し、その後に立ち上がった特別検察官の捜査で彼が事実関係を認めても、トランプはその考えを変えていない。トランプが自らを批判的に報じるメディアをフェイクニュースとして攻撃の対象としていることは明らかだ。

メディアとの対決姿勢を変えるそぶりを見せない大統領だが、一方で米国の新聞、テレビも報道姿勢を変えてはいない。むしろ、対決姿勢を維持することが使命と感じているようにも見える。

　そうした米国のジャーナリストの対応を支えているものは何なのか。米国を代表する新聞の一つであるワシントン・ポスト紙の記者に話を聞いた。記者歴40年を超えるベテラン、ロバート・バーンズ（Robert Burns）上級記者だ。２００９年のオバマ大統領の就任式に関する記事は、彼が政治担当デスクとして仕切っている。

「大統領の就任時にさまざまな混乱が生じることはよくある。オバマも、ブッシュも、クリントンも、皆そうだった」

　しかし今回は、それらとも様相が異なるという。

トランプ大統領の支持者たち

「トランプ大統領は、自分の意に沿わない判決を出した裁判官を名指しで批判するなど、三権分立といった米国の民主主義の基本を理解していないようだ」
　その影響は、明らかに国民の態度にも出始めているという。
「大統領の発したイスラム教徒の入国を制限する大統領令に関して、その司法判断についての記事を書いたとき、『分からないの？　あなたの書いた記事は誰も信じない。フェイクニュースだから』といったメールが寄せられた」

米国の新聞は、記者のメールアドレスを公開している。そのメールに読者から送られてきたのだ。

「私は自分の意見を書いたわけでもない。大統領令を客観的に説明し、それに対する司法判断を客観的に書いただけだ。それでも、それがフェイクニュースだと指摘されたのには驚いた」

こうしたことは、長い記者経験でも記憶にないという。ただ、政権側からは記事にクレームが来ることはなかった。

「事実に徹することだ。事実に基づいた批判には、誰もあらがえないだろう。大統領が正しければ正しいと伝え、そうでなければ、そうでないと伝える。我々が伝えるのは、あくまでも事実でなければならない」

日本では「忖度《そんたく》」という言葉が聞かれるが、主要メディア（全国、地方を問わず、新聞、通信、放送メディアについて本書では「主要メディア」と記す）が政権の顔色をうかがって記者の記事に注文を付けるということがないとは言い切れない。バーンズに、社の上層部から記事に対して何か要望があったか尋ねてみた。

「事実に即した報道をお願いする、ということだけで、他には何もなかった。それは、私も自分の部下に伝えていることだ」

また、社の幹部が出席したあるシンポジウムでのエピソードを聞かせてくれた。

ワシントン・ポスト紙の編集幹部が、司会者から「あなたの新聞社は大統領と戦争をしているのか？」と問われたという。

「"Are you at war with the President?"（あなた方は大統領と戦争しているのか？）と尋ねられたのだ。そのとき、幹部はこう答えた。"No, we are not at war, we are at work."（いいえ、我々は戦争をしているんじゃない。ただ、仕事をしているだけだ）とね」

バーンズは、表情を変えずに次のように続けた。

「私も同じで、仕事をしているだけだ」

この"We are at work"という言葉は、２０１７年１月１日から６月末までの約６カ月間、ワシントンＤＣのアメリカン大学(1)で客員研究員として過ごした米国で、最も印象に残っている言葉だ。

米国メディアが基本とする調査報道

この米国滞在中の4月に、大学の同僚からある新聞記事の存在を教えてもらった。それは、２０１７年4月4日に発行されたミズーリ州のカンザス・シティー・スター（The Kansas City Star）紙の記事で、隣のカンザス州にあるピッツバーグ高校の学生新聞の活動を紹介していた。

記事は、学生新聞が新たに校長として赴任したエイミー・ロバートソン（Amy Robertson）について取材し、学歴詐称を暴いたというものだった。ロバートソンは、学歴に私立コーリンズ大学で修士号と博士号を取得したと記載していた。しかし学生新聞が取材したところ、このコーリンズ大学は教育機関として機能していないにもかかわらず、卒業資格を〝買う〟ことが可能だと分かった。学生はロバートソンに取材結果を示して、コメントを要求した。その直後、ロバートソンは地元の教育委員会に辞表を提出したという。

記事は、デスクとして取材を指揮した3年生のトゥリナ・ポール（Trina Paul）のコメントを掲載。彼女のコメントは、「学校のトップになる人なので、その人の適性を調べた」という淡々としたものだった。学生新聞を指導している教師のエミリー・スミス（Emily Smith）は、取材に対して「学生を誇りに思う。彼らは誰かを辞任に追い込むためにやったわけではなく、純粋に真実を追い求めるために頑張ったのだ」と話したという。

筆者はこれを記事にし、日本のYahoo!ニュース（「個人」カテゴリ）で配信したところ、1日で20万件を超えるアクセスがあった。日本の複数のメディアからも問い合わせがあり、日本でも一定のインパクトを与えたようだ。

この米国の高校生の取り組み、そしてワシントン・ポスト紙の編集幹部が語った「仕事」の意味するところが、本書のテーマを理解していただくための前提となる。それを説明する前に、もう一つエピソードを紹介したい。

２０１５年７月、日本経済新聞（以下、日経新聞）が英フィナンシャル・タイムズ紙の買収を発表したときのことだ。フィナンシャル・タイムズ紙のライバルである英ガーディアン紙は、オリンパスの巨額粉飾決算を告発したマイケル・ウードフォード（Michael Woodford）の「（フィナンシャル・タイムズ紙の今後について）シニカルにならざるを得ず、とても戸惑っている」との言葉を紹介し、今後のフィナンシャル・タイムズ紙の編集方針に懸念を示した(2)。

ウードフォードにこう語らせたのには理由がある。日本の一流企業であるオリンパスの粉飾決算を暴いたのは、このフィナンシャル・タイムズ紙だったからだ。日経新聞をはじめ、日本のメディアが報じたのはその後しばらくたってからで、積極的に報じたというものではなかった。ただし、これは、日本のメディアが腐敗しているからではない。日本と英米、あるいは欧米との報道文化の違いによるものと読み解くことができる。

それは日経新聞に限らず、日本の新聞やテレビの報道が政府当局の発表に依拠した発表報道を基本としているからである。一方、欧米のメディアでは、政府当局などの公的機関の発表に頼らず、メディア自らの取材結果に基づいて報じることに基本を置いている。ピッツバーグ高校の生徒の取材も、その基本に忠実だったと言えよう。

その欧米メディアが基本とするのは"Investigative Reporting"だ。日本語で「調査報道」と訳される。ガーディアン紙は、フィナンシャル・タイムズ紙が調査報道ではなく、発表報道に依拠する日本のメディアの影響下に置かれることに懸念を示したのである。

もちろん、発表報道が容易な取材活動ということではない。日本のジャーナリズム用語でよく聞かれる「抜いた、抜かれた」という言葉が表すように、発表報道もただ単に発表を待っているだけではないからだ。他の誰よりも早く、今後発表されるだろう情報を入手し、それを誰よりも先に報じることが日本の伝統的なスクープであり、最も評価される報道となる。ただ、そこには問題がある。闇に埋もれた情報は、必然的に埋もれ続けるという負の側面だ。発表される予定はないが、市民が知っておかなければならない重要な情報が、手付かずになってしまうからだ。

例えば、ガーディアン紙が指摘しているオリンパスの粉飾決算の問題も、金融、経済、司法などの公的機関が何かしらの行動を起こせば、日本でも記者がたちどころに報じることになる。しかしそうでない段階では、把握していても報じないケースが多々ある。

一方、欧米のメディアでは、公的機関の動きとは関係なく報じる。むしろ、そういう報道こそが理想的な仕事と考えられているのである。そのため、公的機関の意図を配慮するという習慣はない。ワシントン・ポスト紙の幹部が、大統領という最も手ごわい公的な存在と対峙しても、平然と「我々は仕事をしているだけだ」と言えるのはそのためだ。

調査報道を重視する米国メディアの歴史

本書は、米国における調査報道の新たな動きを検証するものであるが、その前提として、まず読者に調査報道について説明しておく必要がある。特に、米国のメディアにおいて、調査報道が極めて重視されてきた点について説明しておきたい。

米国の首都ワシントンDCの中心部、連邦議会議事堂のすぐ近くに、「ニュージアム（Newseum）」と呼ばれる博物館がある。外壁に大きく、言論の自由を象徴する「合衆国憲法修正第一条（The First Amendment）」[3]と書かれたその施設は、訪れた人に米国の報道の歴史を伝えてくれる。"The First Amendment"とは、報道や表現の自由を認めた合衆国憲法修正第一条のことだ。トランプ大統領が誕生したときには、外壁に「私たちは修正第一条を誇りに思っている」と掲げられた。

ニュージアムとは、「ニュース（news）」と「博物館（museum）」をかけ合わせた造語だ。館内では、米国の新聞、通信、放送、そしてネットによる報道の歴史が紹介され、スミソニアン博物館群と並ぶワシントンDCの重要な文化施設の一つとなっている。

特に人気なのが、米国における報道の歴史を映画にしたコーナーだ。その内容から、米国人が報道についてどう考えているかを読み取ることができる。

まず、米国における報道の発祥は、建国前にさかのぼることができる。それは、1775年に始まった独立戦争の前に英国から新大陸に来た新聞記者たちが、本国の英国政府の命令に反して、植民地の人々の側に立って取材をしたのが始まりだという。つまり新聞記者たちは、本国政府の指示に従うのではなく、自らの判断に従って取材を行ったということだ。この映画では、それが米国の報道の始まりだと伝えている。

また、収容した女性を劣悪な環境で虐待し続けたニューヨークの医療施設に潜入し、その実態を記事として書いたエリザベス・ジェーン・コクラン（Elizabeth Jane Cochran）や、第二次世界大戦下のロンドンからドイツ軍の空襲を伝える、CBSラジオのエドワード・R・マーロウ（Edward R. Murrow）の決死のリポートなどが、輝かしい功績として伝えられている。ちなみにマーロウは、「こちらロンドン」で始まるリポートで知られ、米国の対独戦への参戦を促すきっかけになったとされる。

映画に取り上げられている事例には、すべてある共通点が見いだせる。それは、ジャーナリストが「自分の調べた内容に基づいて伝える」というものだ。このことは、そのまま調査報道の定義となる。つまりこの映画を通して、米国では調査報道こそが最も価値のあるものだと伝えているのである。

例えば、冒頭で紹介したワシントン・ポスト紙では、ニクソン大統領を辞任に追い込んだ１９７２年のウォーターゲート事件が調査報道の代表的な事例とされる。後に、ロバート・レッドフォード主演で『大統領の陰謀（All the President's Men）』（１９７６年）として映画化され、今もなお米国ジャーナリズムの金字塔として語り継がれている。

報道の歴史を伝えるニュージアム

その前年には、ベトナム戦争の実態を政府自らがまとめた機密文書「ペンタゴン・ペーパーズ（Pentagon Papers）」[4]の存在が、ニューヨーク・タイムズ紙の報道によって明らかになっている。このとき、ニクソン政権は、記事の差し止めを連邦裁判所に求めたが、ニューヨーク・タイムズ紙は裁判で争い、最後に勝訴している。

こうした調査報道によって権力の不正が告発され、米国の民主主義を健全な姿に戻したという歴史は、今も米国の多くの人々の記憶に残されている。それが米国のジャーナリズムにおいて、調査報道の重要性を認識させるものとなっている。

調査報道の危機と非営利報道の可能性

しかし本書は、その米国の輝かしい栄光の物語を語るものではない。実は、米国のジャーナリズムは現在、そうした輝きを失いつつあるという問題に直面している。それは、権力に敢然と立ち向かう調査報道を重視してきた米国ジャーナリズムの伝統に、危機的な状況が押し寄せているということだ。

ハーバード大学ケネディスクール・ショーレンスタイン・センター(5)で所長を務めたアレックス・S・ジョーンズ（Alex S. Jones）は、次のように指摘している(6)。

「問題は経済的なものだ。リスクの高い調査報道を可能にする信頼関係を築くには、報道機関の忍耐強い支援が必要とされる。優秀な調査報道記者を一人雇うとなれば、報道機関は年に数件の記事のために、年間二五万ドル以上の給料と経費を支払うことを覚悟しなければならない」

ジョーンズが指摘する「経済的なもの」とは、景気の浮き沈みだけではない。インターネットの出現による、ビジネスモデルの行き詰まりもある。また、人々の生活スタイルの変化から、広告料を財源とする新聞やテレビが活動の縮小を迫られている現状をも指している。ワシントン・ポスト紙は気骨を見せているとも言えるが、多くの新聞やテレビは調査報道から政府などの公的機関の発表を流す発表報道に移り始めている。特にテレビニュースは、政府の会見などをそのまま流す割合が高くなっている。その結果、報道各社において、優秀な記者を集めていた調査報道班が縮小、あるいは解散させられる動きが出始めている。

調査報道は、取材を始めてすぐにその成果を世に伝えられる性質のものではない。一つの記事を書くために、数カ月という長期にわたって取材を続けることもある。経営の側から見れば、効率的とは言い難い。

そのため、会社の事業規模を縮小せざるを得ない環境においては、調査報道が真っ先にやり玉に挙がる。ワシントン・ポスト紙の編集局長で、長年調査報道班を率いてきたジェフ・リーン（Jeff Leen）は、次のように話している(7)。

「取材に時間がかかるものばかりではなく、比較的早く記事にできるもの、短い期間ですぐに記事にできるものなどを組み合わせて取材し、できるだけ頻繁に記事を出せるようにしている」

ワシントン・ポスト紙の編集局には、今もウォーターゲート事件の栄光がピュリツァー賞のメダルとともに飾られている。リーンはその中で調査報道班を率い、その実績が評価されて編集局長になった。そのリーンでさえも、効率性を意識せざるを得ない現状を明かしているのだ。

一方で、リーンの語るワシントン・ポスト紙の取り組みは、調査報道を残すための努力とも言える。ただ、実際にはそう簡単に記事を出せるものではなく、ワシントン・ポスト紙だけでなく、多くの報道機関で調査報道記者が居場所を失いつつある。その結果、権力を監視するという米国社会がジャーナリズムに求めてきた役割が、危機的状況に陥り始めているのである。

こうした状況を打開する可能性を秘めているのが、"Nonprofit Journalism"と呼ばれるものだ。本書では、これを「非営利報道」と訳することにする。具体的には、非営利団体を立ち上げて調査報道を行うというもので、財源を一般からの寄付に求めることにより、広告料の減少といった経済的な影響を受けずに調査報道を行うことを目指している。この非営利報道がどのように始まり、どういった活動を行い、今後どのような展開をするのか見ていきたい。

なお本書は、筆者のインタビューや訳文のない英文資料に多くを依拠している。その翻訳は、すべて筆者によるものであることをお断りしておく。

【注釈】

（1）American University　ワシントンＤＣ所在の文系大学。法学、国際政治、ジャーナリズムの大学院教育で知られる。

（2）ガーディアン（The Guardian）紙、２０１５年7月24日朝刊。

（3）報道の自由をうたった合衆国憲法修正第一条。

"Congress shall make no law respecting an establishment of religion, or prohibiting the free exercise thereof; or abridging the freedom of speech, or of the press; or the right of the people peaceably to assemble, and to petition the Government for a redress of grievances."

（4）ベトナム戦争の実態が、米国政府の公式発表とは異なることを詳述している。当時、政府系研究機関に勤務していたダニエル・エルズバーグ（Daniel Ellsberg）がニューヨーク・タイムズ紙にこの文書を提供したことから、政府を揺るがす事件となる。

（5）The Shorenstein Center on Media, Politics and Public Policy.

（6）アレックス・S・ジョーンズ『新聞が消える』朝日新聞出版、2010年。

（7）2011年3月14日、ワシントン・ポスト紙編集局での筆者によるインタビュー。当時、ジェフ・リーンは、ワシントン・ポスト紙の編集局次長を務めていた。

第1章

パナマ文書の衝撃

南アで開かれた世界調査報道会議

パラダイス文書

２０１７年11月、南アフリカ最大の都市ヨハネスブルクに、世界各国から１０００人をも超えるジャーナリストが集まった。５日間にわたってさまざまなセッションが開かれる「世界調査報道会議（Global Investigative Journalism Conference）」だ。２年に１度、場所を変えて行われるもので、調査報道を主題としている。10回目となる南アフリカの会合では、市内の大学施設を使って１１５ものセッションが開かれた。

中でも目玉は、その10日ほど前に全世界で報じられた「パラダイス文書」についてのセッションだった。

パラダイス文書とは、租税回避地（タックスヘイブン）でのビジネスに関わってきた法律事務所などの顧客データだ。匿名の情報源から寄せられた１・４テラバイトものデータを世界各国のジャーナリストが分析したもので、２０１７年11月５日（日本時間６日）、世界で一斉に報じられた。２０１６年に報じられた「パナマ文書」に続き、租税回避地で行われている富裕層の蓄財の実態が暴かれている。その中には、トランプ政権で商務長官を務めるウィルバー・ロスの名前もあったことが、既に報じられていた。

南アフリカで開催された世界調査報道会議（2017年）

ＩＣＩＪの活動

３００人ほど入る大講義室が満席になる中、パラダイス文書の事務局的な役割を担っている国際調査報道ジャーナリスト連合（The International Consortium of Investigative Journalists：ICIJ）副代表のマリナ・ウォーカー・ゲバラ（Marina Walker Guevara）とウィル・フィッツギボン（Will Fitzgibbon）らが、モニターにデータを示しながら説明を行った。

パナマ文書ほどのインパクトはなかったが、それでもこの問題に世界のジャーナリストが継続して取り組んでいることを示した意義は大きい。表向きは平静さを装っていた富裕層、そして税務当局も、ジャーナリストの本気度が明らかになったことで、中途半端な対応では通じないことを知らされることになったからだ。

ＩＣＩＪは、パナマ文書と同様に、パラダイス文書のデータも一定期間が過ぎれば誰でもアクセスできるようにしている。公開されたデータからは、どのような名前の人物、企業が記されているかを確認し、その大まかな内容を見ることができる。南アフリカの会議のセッションでは、ＩＣＩＪのメンバーからデータの使い方が説明され、会場に集まったジャーナリストが固唾をのんで見守った。

データベースの扱いは難しいものではない。例えば、まず日本人を探したければ「Japan」と入力し、それによって出て来るデータを精査する。言葉にすると簡単だが、実際にはそこからの作業が困難を極める。仮に、「Yoichiro Tateiwa」という名前を見つけることができても、それがどういう意味を持つのかは、細かく読み込まないと分からない。また、それが「立岩陽一郎」、つまり筆者であるという確証は書面からは得られない。それが「Suzuki」や「Tanaka」であればなおさらだ。

さらに、日本人が日本のカテゴリーに入っているとも限らない。シンガポールや香港に分類されている日本人もいる。実際に、シンガポールに居住地を移している人もいるし、書面上、そうなっているだけの人もいる。いずれにせよ、作業はシンプルだが、そこからニュース性の高い人物を探し出すのには、取材力と根気が必要となる。

「具体的に、ある人物を探す作業を見せてくれないか？」

会場から、質問の声が上がった。スウェーデンのジャーナリストだと名乗った。それを聞いたフィッツギボンは、「ＯＫ」と言って「United States」と入力し、そこからどのような資料をたどって米国の商務長官であることを明らかにしたのかを説明した。

オフショア・リークからパナマ文書へ

筆者はパラダイス文書の取材には関わっていないが、その前のパナマ文書の取材には関わった。25年余り勤めたＮＨＫでの最後の仕事がそれだった。そのため、ＩＣＩＪのメンバーとは、何度もやり取りをしてきた。

特に代表のジェラルド・ライル（Gerard Ryle）とは、多くのやり取りを重ねてきた。会議で久しぶりに会ったライルに話を聞いた。

――パナマ文書からパラダイス文書と、達成感を感じているか。

知ってのとおり、「オフショア・リーク」からの長い取り組みの一つがパナマ文書であり、今回のパラダイス文書だ。この動きはさらに広がっている。達成感がないとは言わないが、それは終着点という意味ではない。

――一方で、マルタ共和国でジャーナリストが殺害されたり、中国を取材したジャーナリストが身の危険を感じたりといった事態も起きている。何か具体的な対応はあるのか。

残念なことだが、ジャーナリストが直面している現実だということは、理解しなければならない。危険だから取材をやめるのか？　それはあり得ないことだ。もちろん、細心の注意を払う必要がある。しかし、危害を加えればジャーナリストの取材が止まると思っている人がいるとすれば、それは愚かなことだ。我々はそれに左右されることなく、取材を進めていくからだ。

ライルの答えは、意外なほどドライなものだった。それは、ライル自身の覚悟でもあることは言うまでもない。

――パナマ文書では「ジョン・ドゥ（John Doe：名無しの権平）」を名乗る人物からの情報、パラダイス文書でも匿名の情報源からの情報提供だった。この情報源は、今後も守れるのか。

情報源は守るし、守り続けなければならない。もちろん、この情報が価値のあるものであることは分かっている。その重要性を認識し、各国のジャーナリストと情報を共有してきた。政府機関から情報の提供を求められることもあるが、それは絶対にできない。この情報は、ジャーナリズムに提供されたものだからだ。ただし、政府機関がその気になれば入手できるだろう。

我々が情報を提供することで、情報提供者の危険に関わることも考えられる。取材班に入っていたあなたには分かると思うが、我々は情報の管理を徹底してきたし、それはこれからも変わることはない。

――今、最も頭を悩ませていることは何か。

資金のことだ。ＩＣＩＪはさまざまなところから寄付を得ており、代表である私の仕事の大半は資金集めだと言える。

もちろん、ＩＣＩＪが来年行き詰まるということはなく、数年は現在の規模の活動が可能だろう。しかし、我々の活動を持続可能なものにするには、寄付を集め続ける必要がある。それは頭の痛いところだ。

非営利の活動を支える寄付

ＩＣＩＪは、"nonprofit"、つまり「非営利」の団体である。そのため、寄付によって活動資金を得ている。華々しい活躍を支えるためにも、代表のライルは日々、資金集めに尽力しているのだ。

――パナマ文書やパラダイス文書の成功で、ＩＣＩＪは世界中から評価される存在となっている。寄付は集まりやすくなっているのでは？

確かに寄付は集まっている。しかし一方で、活動はさらに広がっている。私は人前で話をしたり、笑顔を振りまいたりするのは苦手だ。でも、それでは代表としては失格と言える。だから笑顔で皆の質問を受け、笑顔で質問に答える。それがＩＣＩＪの活動を支え、パナマ文書やパラダイス文書の調査報道を可能にするのであれば、やらねばならないことだと理解している。そうでなければ、理事会から罷免されてしまうだろう。

『ＮＨＫスペシャル』の報道

2016年11月27日午後9時、ＮＨＫ

ライルに話を聞いた南アフリカの会議の1年ほど前の2016年11月27日。ＮＨＫの1階、迷路のような報道局フロアの奥まった一角に、10人ほどの男女が集まっていた。彼らの目の前には、テレビの大型スクリーンがあった。

午後9時、画面に『ＮＨＫスペシャル』のタイトルが浮かび上がった。続いて「追跡パナマ文書　衝撃の〝日本人700人〟」のサブタイトルが映し出される。

集まったメンバーにとっては、既に知りすぎるほど知っている内容だ。全員が、この番組の制作を担った記者、ディレクター、カメラマンだからだ。

番組は、パナマ文書の日本に関する新たな事実を伝えていた。まず、パナマ文書に記載された日本人が７００人にも及んだ事実が報じられた。それまでの取材では明らかになっていなかったものだ。その中には、多くの企業年金を喪失させ、詐欺の罪で有罪が確定していた元ＡＩＪ投資顧問の浅川和彦の名前も含まれていた。浅川への直撃インタビューには、朝日新聞、共同通信の記者の姿も映っている。普段はライバルとして、しのぎを削っているマスコミが協働する姿だ。

また、まったく関わりのない人の個人情報が悪用されている疑いも浮かび上がらせた。番組ではそのケースを追及し、いずれもパスポートの記録を詐取されていた疑いがあること、設立された会社が風俗などの怪しげなビジネスに使われていたこと、そして会社の設立が香港で行われていたことを伝えた。

ナレーションは、俳優の松重豊が務めた。その重厚な声が響く中、筆者の意識は画面から離れていた。頭に浮かんでいたのは、ＮＨＫがパナマ文書に関わるようになった経緯だった。

パナマ文書プロジェクトへの参加要請

その前に、パナマ文書のプロジェクトについて簡単に触れておく。パナマ文書とは、パナマにある法律事務所「モサック・フォンセカ（Mossack Fonseca）」から流出した2・6テラバイトにも及ぶ大量のデータのことだ。これを世界各国から選ばれたジャーナリストが協力して分析した、一大プロジェクトだった。

この情報が最初、"Hello. This is John Doe. Interested in data?"という1通のメールでドイツの南ドイツ新聞に持ち込まれたことは有名だ。"John Doe"とは「名無しの権平」を意味し、匿名の内部告発者だと見られている。

その新聞社の判断で、米国に拠点を置くＩＣＩＪを中心とした国際的なネットワークの中でのプロジェクトとなったのも、周知のとおりだ。その経緯については、南ドイツ新聞の記者がまとめ、日本でも出版されている『パナマ文書』（角川書店、２０１６年）や、プロジェクトに関わった多くのジャーナリストの著作に詳しいので割愛する。

２０１６年4月、パナマ文書について世界同時に報じられると、報じられた当事者はもちろん、プロジェクトに加わっていないメディアも大騒ぎとなった。ロシアのプーチン大統領の知人や、中国の習近平国家主席の親族の資産と見られるものの存在が報じられたのだから当然だろう。アイスランドでは、グンロイグソン首相が退陣に追い込まれることとなった。

さらなる続報の可能性も指摘され、多くの人がどこまで問題が広がるか、固唾をのんで見守るという状況だった。

日本では国会議員の名前こそ出なかったものの、著名な経済人や大手企業が租税回避地に会社を所有していることが伝えられていた。それらは違法なものとは言えなかったが、格差社会が問題となる中で、決して好印象を与えるものではなかった。

そして、各国の主要メディアがそうだったように、「パナマ文書のプロジェクトにＮＨＫも入れないか？」との話が浮上する。当時、国際放送局で海外に向けてニュースを発信するWorld News部でデスクをしていた筆者のところに、報道局社会部デスクの加戸正和から打診が入った。社会部は筆者の古巣であり、加戸とは知った間柄だった。既に、報道局の幹部も前向きだという。プロジェクトの元締めとも言えるＩＣＩＪと交渉をしてほしいとのことだった。

これには理由がある。もともとＩＣＩＪは、このパナマ文書より以前から租税回避地に逃れる富裕層の資産を集中的に取材してきた。その最初の報道は、ライル自らが入手したデータを基に、各国のジャーナリストが参加して行ったオフショア・リークだった。これはパナマ文書ほど日本では話題にならなかったが、これまで表に出ることのなかった富裕層の資産形成の一端を明らかにしたニュースに、筆者を含め、少なからぬジャーナリストが注視していた。

そしてその当時、ＮＨＫで新たに立ち上がった報道局遊軍プロジェクトの責任者だった中嶋太一の了解を得て、オフショア・リークに加わる方向でＩＣＩＪと交渉していた。ＩＣＩＪ側も同意し、協定書を交わす段階にたどり着くまでに、さほど時間はかからなかった。

ところが、協定書に署名する段階で、ＮＨＫで迷走が始まる。この協定書は、大まかに次の点で双方が合意する必要があった。

・取材した内容は、プロジェクト参加者内で共有されなければならない。

・報道する内容についてはＩＣＩＪに事前に通知し、報道開始の時間はＩＣＩＪの指示に従う。
・報道に際しては、ＩＣＩＪによってもたらされたプロジェクトであると明記する。

他にも、報道の内容について問題があった場合、その責任は報道する側（つまりＮＨＫ）にあるなど、さまざまな内容が含まれていた。しかし、その中でも特に、前述の3点がＮＨＫにとっては簡単に答えを出せるものではなかった。

法務部を交えた議論が行われ、ＩＣＩＪと解釈をめぐるやり取りが続いた。一部を修正してＮＨＫ側が承諾できるものにしてもらい、それをＮＨＫ上層部に提出した。上層部からは、「ここはどうなるのか？」との質問が送り返される。それが繰り返され、しびれを切らしたＩＣＩＪからメールで、「協定に署名して郵送してほしい」との催促が来る。そのたびに、「申し訳ない。現在、まだ協定の中身を吟味している」との回答を続けざるを得なかった。

そして責任者の中嶋が、「ほぼ上の了解は取った」と言ったその数日後に、状況が一変してしまう。籾井勝人《もみいかつと》のNHK会長就任だ。

これは、籾井がプロジェクトに反対したということではない。籾井のさまざまな言動が国会やメディアで批判される中で、この問題を決済するルートが完全にまひしてしまったのだ。こうなると何も動かなくなる。そうかと言って、筆者が無断でICIJと話を進めるのも難しい。

やがて、NHK内でこのプロジェクトを議論する熱意も冷めてしまい、筆者は通常のWorld News部のデスク業務に戻ることとなった。そして、ICIJ側のカウンターパートだったマーゴット・ウィリアムス（Margot Williams）には、NHKの状況を説明し、プロジェクト参加を断念することになったと伝えた。

それについてICIJからの正式な反応はなかったが、ウィリアムスは「あなたを悪く言う気はないが、NHKはいったい、何がしたかったのか？」との返信があった。

参加交渉のため渡米

それから2年ほどたってのパナマ文書への参加要請だったが、筆者にしてみれば汚名を返上するチャンスでもあった。すぐに、ＩＣＩＪとの接触を再開した。オフショア・リークのときのカウンターパートだったウィリアムスは既にＩＣＩＪを去っており、彼女宛てにメールを送ったが反応がない。そこで、代表のジェラルド・ライルと副代表のマリナ・ウォーカー・ゲバラにメールを送った。一度や二度のメールは無視されるので、何度も送った。すると、マリナ・ウォーカー・ゲバラから反応があった。

「現在、参加を希望する世界中のジャーナリストへの対応に追われている。申し訳ないが、待ってほしい」

しかし、待つわけにはいかない。それは報道機関としての思いというだけでなく、筆者自身の理由もあった。年内にＮＨＫを辞めることが決まっていたからだ。

２０１６年４月、World News部のデスク業務を同僚に頼み、加戸の部下の橋本佳名美記者を伴って渡米した。滞在予定は１週間。到着後、ＩＣＩＪに橋渡しをしてくれそうな人物を訪ねて協力を要請した。その一人が、本書で中心的に扱うアメリカン大学のチャールズ・ルイス（Charles Lewis）教授だった。ルイスは快く応じてくれ、ライルにメールを送ってくれた。

それが効いたのだろう。ＩＣＩＪでパナマ文書の総括デスクをしていたハーミッシュ・ボーランド=ラダー（Hamish Boland-Rudder）からメールが入り、「今、忙しいのでもう少し待ってほしい」との連絡があった。それに対し、「既にワシントンＤＣのＩＣＩＪの事務所の近くで待機している。会うまで帰らない」と返信した。その後、面会の約束を取り付けることができた。

面会は、事務所が入居するビルの1階のカフェで行われた。ハーミッシュは、既に日本についてはニ人のイタリア人ジャーナリストが中心的に取材を行っており、そこに朝日新聞と共同通信も加わっているので、取材態勢としては十分だとの認識を示した。

ちなみに、イタリア人ジャーナリストとは、アレッシア・セラントーラ（Alessia Cerantola）とシッラ・アレッチ（Scilla Alecci）の二人だ。日本語と英語を自在に操る女性の調査報道ジャーナリストで、最初の報道で膨大なデータの中から、日本に関わる名前を探し出したのは彼女たちだった。

それでもなお粘り強く交渉する筆者に対して、ハーミッシュは次のような質問を投げかけてきた。

「仮に、ＮＨＫがパナマ文書にアクセスできるようになったとして、ＮＨＫは政治との距離を保てるのか？」

ハーミッシュは終始礼儀正しかったが、この質問は挑戦的な視線で発せられた。

「それは、仮に日本の政治家の名前が出て来たとして、その名前を政府や政党に伝えることがないかという意味か」

ハーミッシュの答えは、「イエス」だった。これ以前に、ニューヨーク・タイムズ紙などで日本のメディアが政権の言いなりになっているとの報道があり、ＮＨＫはその最たるものであるかのように報じられていた。ＩＣＩＪのメンバーも、そうした報道を知っていたのだ。

筆者は動揺を隠そうと、同席する橋本に目をやった。橋本も困った顔をしていた。ハーミッシュは、「最も大事な質問だ」と話した。

「正直に言うと、ＮＨＫのみが参加するならば、それがないとは言えない。しかし、今回は、朝日新聞と共同通信の仲間に入ることになる。そうであれば、ＮＨＫだけそうした行為をすることは不可能だと思う」

それは正直な気持ちだった。ハーミッシュも納得してくれたようだった。そして、「日本からは期待されたような成果は出ていない」と語った。これは、取材班を責めるというような話ではない。パナマ文書から見つけ出せた日本人の中に、政治家や現職・元職の政府高官の名前がなかったからだ。ハーミッシュの意図は、次の言葉にあった。

「現状ではインパクトが足りない。NHKがパナマ文書でドキュメンタリーをつくってくれれば、それはインパクトがあると思う」

だが、NHKの参加については、既に日本を取材している取材班の意見が尊重されるという。それは当然だと思った。

「朝日新聞、共同通信と話をする必要はあるが、彼らがNHKの参加を拒まなければ、ICIJとしては反対しない」

その後、ICIJの問い合わせに対して、朝日新聞、共同通信ともにNHKの参加を認めてくれた。ICIJからは、筆者がプロジェクトの責任を負うことを条件として付けられた。そして再び、例の協定書への対応の段階になった。文章の解釈について議論が行われたが、法務部も前回の議論を踏まえており、「問題ない」という判断が出るのに時間はかからなかった。

最後は署名だ。この署名は個人名でなければならない。ＩＣＩＪの要望もあり、筆者と中嶋太一の二人で署名した。

そうしたことを頭の中で反すうしていると、番組はエンディングに差しかかっていた。高速道路のトンネルの中を、前方の灯りに向かって進む映像。そして、松重の「取材は続く」というナレーションが重なって、番組は終わった。

番組は、加戸率いる社会部の頑張りで、新たな事実を掘り起こすものとなっていた。しかし筆者には、やり残した感じがあった。番組では、パナマ文書に出て来る日本の大手企業について報じることができなかったからだ。

日本の大手企業の多くが、租税回避地を利用してビジネスを行っている。一連のパナマ文書の報道の中で、企業名が報じられたケースもある。しかし、それはほんの一部でしかないし、その詳細が報じられることはなかった。筆者が指揮する取材班は、なぜ大手企業が租税回避地を利用したビジネスを行うかを精力的に取材していた。

タックスヘイブン対策税制の実態

日本では、タックスヘイブン対策税制を導入している。そのため、仮に日本の企業が租税回避地を使ってビジネスを展開していたとしても、それによってもたらされる収益については日本で行うビジネスと同様に課税される。つまり、法人税は日本で支払われているのだ。

しかし、この説明が実態を伝えているかどうかは不透明なところがある。税務当局が課税判断の基準とする租税回避地の資料は、会社側の任意の提出によるものとなる。そのため、多くの大手企業を調査対象とする東京国税局調査部も、日本の主権が及ばない租税回避地の資料を強制的に入手することはできない。

匿名を条件に取材した、国税庁幹部との当時のやり取りが筆者の取材メモに残っている。

「実際に、国税が租税回避地での状況をすべて把握しているかと言えば、それはかなり怪しい。しかし、すべて把握しているというのが国税の建前だ」

税金が納められていないケースもあるのか、という問いに対しては、「そう考えている」と答えている。

これは、実際には奇妙な話だ。日本の大手企業が租税回避地で行っているビジネスの資料は、日本の本社にすべてある。租税回避地に設立された会社は実態がないからだ。

当然本社は、日本の国税当局の調査が及ぶ場所にある。にもかかわらず、その資料に直接、国税局の調査官がアクセスすることはできない。その書類は、物理的には日本国内に置かれているが、書面上は租税回避地に置かれていることになっているからだ。つまり、存在しないオフィスに資料が置かれていることになっているのだ。

「日本はタックスヘイブン対策税制を実施しているので問題ない」という主張は、企業が常に正しく実態を申告しているという建前でのみ正しい。それが実態を反映しているものかどうか、本当のところは分からない。

取材したすべての企業は、「税金はしっかりと納めている」と話した。では、なぜ租税回避地を使うのか？　それについては、三菱商事の説明が理解しやすい。三菱商事は他の総合商社がそうであるように、租税回避地を使った取引を行っている。

三菱商事の社名は、パナマ文書の関係では報じられていない。筆者ら取材班が同社を訪ねたときも、広報担当者は「そうした事実はない」と否定した。しかし、パナマ文書を丹念に調べた結果、三菱商事がバージン諸島に設立した会社を見つけることができた。筆者らが具体的な取引の内容に言及すると、その情報を広報担当者も確認してくれた。その上で会社が説明した言葉が、取材メモに残っている。

「理由としては、企業の設立や廃業の際に手間がかからないことが大きい。外国の会社との合弁企業は先行きが見通せないケースが多く、見込み違いだと判断した場合は廃業せざるを得ないケースもある。そうしたときに、日本などで会社を設立してしまうと、国際的なビジネスのスピード感について行けなくなる。それと、租税回避地として有名な場所は、実は会社設立などの法的な整備が整っている。それを担当する弁護士も多くいる」

取材メモを頼りにしたため、ぞんざいな表現になっているかもしれないが、実際には三菱商事の広報担当者の対応は丁寧なものだった。その会社とはイラン国営石油会社との合弁会社で、この説明を裏付けるかのように、取材時には既に解散していた。

また、伊藤忠商事も台湾企業と合弁で、バージン諸島に会社を設立していた。それは、中国でビジネスを展開するためのものだった。伊藤忠商事も筆者らの取材に応じ、三菱商事と同じように「適切に処理しており、問題はない」（取材メモから）と説明した。

一連の取材は、香港と台湾の取材チームと協力して進めていた。これは、2016年9月にネパールで開かれた「アジア調査報道会議」の場で、香港の香港01と台湾の天下雑誌のジャーナリストに話を持ち込み実現した。その経緯については、NHKスペシャルでも描いている。

伊藤忠商事の件は、台湾の天下雑誌と協力して取材を進めた。すると、台湾の企業は高い収益を出しており、税金を払うべきなのに納税記録がないことが分かった。一方の伊藤忠商事は納税しているのだろうか。再び取材すると、伊藤忠商事は適切に対応しているということだった。

NHKでの最後の仕事

筆者はこうした企業のケースを番組で扱いたいと考えていたが、それに対してすべての企業が次のように難色を示した。

「パナマ文書に名前が載っているというだけで、既に社会的なイメージは悪い。説明どおりに報じられたとしても、視聴者には会社が悪いことをやっているかのような誤った印象を与える恐れがある」

『NHKスペシャル』の制作班の中でも議論が続いたが、最終的には企業が問題のある行為を行っていると言えない以上、それは報じるべきではないという判断となった。

しかし筆者は納得できなかった。そのためWorld News部独自で制作している"NEWSLINE FOCUS"では、企業の租税回避地での活動内容を伝え、迫田英典国税庁長官（当時）のインタビューを交えて報じた。

迫田長官は、課税漏れがあるとまでは言わなかったが、租税回避地におけるビジネスの実態把握については、「システムが複雑で、関係する当事者も国境を越えて存在するため難しい」と率直に現状を語った。

放送では、具体的な企業名はすべて伏せることにした。放送の数日後に筆者がNHKを辞めることになっている以上、取材先と問題になることは避けたいと考えたからだ。

この判断は、海外のジャーナリストからの評判はよくなかった。「なぜ、企業名を出さなかったのか？」と問われることがたびたびあった。

しかし少なくとも、大手企業の多くが租税回避地を使ってビジネスをしており、それが適切に課税されているのかを検証するのが困難だという点を指摘することはできた。NHKの仕事に区切りを付ける上で、最低限の仕事にはなったと考えている。

「パナマ文書」「パラダイス文書」の成果

組織・国を越えてジャーナリストが協働

パナマ文書とパラダイス文書の成果は、これまで知られていなかった租税回避地での富裕層の資産形成の一端を暴いたことにあることは間違いない。一方で、ジャーナリズムについても大きな成果を生み出した。それは、ジャーナリストが組織や国を越えて協働して報じるというものだ。

インドネシアで政権幹部の蓄財を報じたワヒュー・ディハトミカ（Wahyu Dyhatmika）は、次のように語った。

「パナマ文書は、我々にジャーナリストが国境を越えて協働することの重要性を教えてくれた」

ディハトミカは、協働の成果は取材だけでなく報道する際にもあったとして、一つのエピソードを語ってくれた。

「報道の前に、違法な蓄財をしていた政府高官に確認に行ったときのことだ。高官が、『報道したらどうなるか分かっているね』と言ってきたのだ。私は、『我々に報道するなと言っても、報道を止めることはできない。我々が報じなくても、世界中で報じられるからだ』と伝えた。高官はそれ以上、何も言うことはなかった。ひょっとしたら、我々だけなら報道を止めることも可能だったかもしれない。でも、世界のジャーナリストが連帯していることで、どんな権力者も止めることができない状態が生じたのだ」

パナマ文書が与えた衝撃

また、パキスタンでナワズ・シャリフ首相の親族の資産を暴いたウマール・キーマ（Umar Cheema）は、次のように話した。

「報道後の衝撃は、かつて経験したことのないものだった。ニュースがパキスタンを揺らしたのだ。そして、世界中がパキスタンの問題を注視することになった。そんなことは、私のジャーナリスト人生の中で初めてのことだ」

政府高官につながる資産の存在を暴いた中国取材班は、米国人ジャーナリストを除いては、すべて氏名の公表はされていない。身に危険が及ぶのを恐れてのことだ。唯一、氏名を公表しているアレクサ・オルセン（Alexa Olesen）は、こう語った。

「中国ではパナマ文書の報道はされていないことになっているが、実際には市民レベルで情報は共有されている。中国国内で報道を遮断しても、国外で報じられている以上、遮断は難しいということだろう。驚くのは、その結果、中国でもこうした政府高官の資産について明らかにするよう求める声が上がり始めていることだ」

オルセンによると、ＩＣＩＪにとって最初の租税回避地についての取材となったオフショア・リークのときに、中国人ジャーナリストに危害が加えられたことがあったという。オルセンは大学で中国語や東洋文化を学び、長く中国でジャーナリストとして活動してきた。しかし、この取材を最後にジャーナリズムの世界から離れると話した。

世界の問題に国境はない

ジャーナリストが国や組織を越えて協働する仕組みを提供したＩＣＩＪ。それをつくり出したのは、米国人ジャーナリストで大学教授のチャールズ・ルイスだった。そのコンセプトは、「ジャーナリストは互いに競い合うのではなく、助け合わなければならない」というものだった。パナマ文書の取材に際して行ったインタビューで、ルイスは次のように語っている。

「ＩＣＩＪはジャーナリストが組織や国境を越えて協働すべきだというコンセプトでつくられた。そのコンセプトは、パナマ文書によって未来のジャーナリズムに大きなインパクトを与えるものとなっている。それまでにも、臓器の密輸や海洋資源の違法な取引などを報じてきたが、パナマ文書のスケールはそれらを凌駕する。今後、こうした取り組みはもっと増えてほしいし、増えていくと確信している。世界の問題に国境はない」

ＩＣＩＪ代表のライルが、南アフリカで語った寄付についての話を思い出してほしい。広く寄付を集め、報道の、それも調査報道の活動資金とする。この仕組みを編み出し、成果を出したのもルイスだった。パナマ文書で大きな成果を出し、世界的に注目されるもっと以前から、米国ではこうした動きが始まっていた。

ルイスがその報道手法を確立し、かつ広めていなければ、パナマ文書やパラダイス文書の報道は、ドイツの一新聞社が取材できる範囲で報じた単発のスクープで終わっていたかもしれない。

第2章

「非営利報道」を始めたチャールズ・ルイス

後述するように、非営利団体という形式で報道を行うスタイルは、公共放送や通信社などの形で古くからあった。ただ、広く一般から寄付を募って報道を行うという形態はほとんどなかった。その形を具体的な成功例として最初に示したのは、ジャーナリストであり、現在アメリカン大学（ワシントンDC）でジャーナリズムを教えるチャールズ・ルイス（Charles Lewis）だ。ルイスはどのようにその形を示したのだろうか。

チャールズ・ルイス

非営利報道の創設

２０１０年10月21日、ワシントンDCにある「ニュージアム（Newseum）」でルイスの功績をたたえるセレモニーが開催された。５００人を超える参加者の中には、米国の中心部で活躍する著名なジャーナリストなどが顔をそろえた。

ジャズバンドの生演奏が奏でられる中、CNN(1)の名物記者として知られるクリスチャン・アマンプール（Christiane Amanpour）(2)は、NBCユニバーサル(3)やAP通信(4)などからの祝辞を紹介しながらこう語った。

「先見の明のある人物は、私たち一般人には見えないものが見える。1989年、チャールズ・ルイスは、何の足かせもない調査報道を誰も思いつかない形で着手した」

その「誰も思いつかない形」とは、主要メディアから離れ、非営利団体を立ち上げて調査報道を行うという非営利報道の創設だ。

全米はもちろん、日本を含む世界各国で、調査報道の重要性や非営利報道の有用性を説くジャーナリストのチャールズ・ルイスとは、どんな人物なのか。

「政治を調査報道する」道へ

1953年10月、ルイスは米国東部のデラウェア州で生まれた。地元のデラウェア大学では政治学を学んでおり、在学中に地元選出の上院議員の事務所でインターンを行うなど、政治に強い興味を持った若者だったという(5)。

1975年に大学を卒業し、ワシントンDCのジョンズ・ホプキンス大学ポール・H・ニッツェ高等国際関係大学院(6)へと進む。外交官養成学校として知られるジョンズ・ホプキンスでは、米国の対チリ政策を研究テーマとしている。しかし、関心の重点は米国の外交から内政全般に移り、最終的には政治を監視することに向いた(7)。

ルイスはこの当時の心境について、「ウォーターゲート事件が終わって数年しかたっていないのに、また多くの議員が起訴されるというスキャンダルが起きるなど、政治の世界に幻滅し始めていた。それに私は、民主党と共和党という二大政党制にも疑問を持ち始めていた。そうした私にとって、政治家になるよりも、政治を取材することが別の選択肢として魅力的に思えてきた」と話している(8)。

ここで留意したいのは、ルイスの「政治を取材する」とは、日本のメディアでいうところの政治部記者ではない。政治を調査報道するという意味だ。この政治を調査報道するジャーナリストというのは、米国では珍しい存在ではない。日本では、政治部記者が政治を調査報道することは、残念ながら現状ではあり得ない。

脱線するが、ＮＨＫでは、少なくとも筆者が在籍した２０１６年までは政治部記者以外の記者やディレクターが大臣に直接取材することは認められていなかった。例外は環境大臣で、これは環境省担当の政治部記者がいないことから生じた例外でしかない。例えば防衛省は、政治部が大臣を含む防衛省キャリア官僚などの文官を取材し、社会部が統幕議長以下の制服組を取材するという形になっており、これを崩すことは許されなかった。こうした状況は日本に特有なことで、日本のジャーナリズムを極めていびつなものにしている。

「ABCワシントン支局の目と耳」に

ルイスに話を戻そう。彼のジャーナリストとしてのキャリアのスタートはテレビ局で、1977年にABCテレビのワシントン支局に記者として採用される。そのときの支局長はカール・バーンスタイン（Carl Bernstein）[9]で、ウォーターゲート事件を調査報道したワシントン・ポスト紙の伝説的なジャーナリストの一人である。

バーンスタインはしばらくして支局長の職を離れるが、ルイスはバーンスタインから調査報道のイロハを学んだという。

「カールは根っからの調査報道記者で、それが原因で支局長という管理職にとどまっておられず、辞任に追い込まれた。しかし、私にとってジャーナリズムの最初の時期をカールとともに過ごせたのは幸運だった。カールは素晴らしい人物で、何よりも調査報道記者として群を抜いて優秀だった」と話している(10)。

そのバーンスタインは、前述のニュージアムのセレモニーで「チャック・ルイスは極めてまれな存在であり、かつ勇気のある人物だ。彼は我々の時代の政府と戦い、そして主要メディアと戦った」と語っており、弟子の提示した新たなモデルを高く評価している(11)。

ちなみにバーンスタインは、現在トランプの疑惑報道に欠かすことのできない識者として、CNNテレビなどで活躍している。

バーンスタインの指導の下、ルイスは調査報道記者として実績を上げていく。ルイスは調査報道の結果を長いメモにして、バーンスタインに提出し続けた。それは、「ルイスのニュースレター」と支局内で言われていたという(12)。

その取材力は徐々にABC局内で認められるようになり、当時の本社の上級副社長から「ABCワシントン支局の目と耳」と言われるまでになった(13)。しかし、テレビに出る機会が少なく、取材結果を短いニュースで伝える機会しか与えられなかったことに不満を抱いていた。当時について、「会社の外、またジャーナリズムの世界においては私はまったく無名で、ひたすら希望のない仕事に追われていた」(14)と回想している。

CBSテレビへの移籍

その後、ルイスは上層部と衝突することになる。それは、"20/20"というABCテレビの夜の看板報道番組のプロデューサーへの昇格話が出たときのことだった。

「そのポジションを得るということは、給料が倍以上になることを意味していた。だが、私は丁重にその地位に就くことを断った」(15)

その理由は、番組のキャスターを務める人物が「センセーショナリズムに偏ったショーマンだったからだ」(16)という。それは後に、事実と異なる報道となって顕在化し、キャスターは辞任に追い込まれることになるのだが、その当時は絶頂期にあったキャスターを批判するその返答は、ルイスにとってマイナスに作用した。

激怒したABCテレビの幹部からは、「いかなる昇進も、他の支局への異動も認めない」との激しい反応が返ってきた。ルイスは、「ABCテレビでの仕事には希望が持てず、他のメディアからの誘いを待つしかなかった」と当時について回想している(17)。

そして間を置かず、ルイスに移籍話が舞い込む。CBSテレビの報道番組"60 Minutes"からの移籍の申し出である。米国には当時、ABCテレビ、CBSテレビ、NBCテレビという全米を網羅した民放テレビ局があり、三大ネットワークと称されてしのぎを削っていた（現在はそれにＦＯＸテレビが加わり、四大ネットワークとされている。ＣＮＮはケーブルテレビのため、通常はそこに加わらない）。

つまり、ライバル会社の看板番組から、引き抜きの話が来たということだ。引き抜きは米国のマスメディアの世界では珍しいことではないが、その接触は特異な形だったという。

「ある日突然、マイク・ウォーレス（Mike Wallace）から直接電話がかかってきて、『君のことを耳にした。私と一緒に仕事をする気はないか？』と言うんだ。驚いてね。マイク・ウォーレスと言えば、私からすれば雲の上の存在だ。こちらは、実績こそ出していたが、テレビにもさほど出たことのない若い記者だ。光栄なことだし、何よりもウォーレスは"60 Minutes"のキャスターだ。彼と一緒に仕事をするということは、米国を代表する報道番組の制作に携われるということだ。すぐにＣＢＳテレビへ移ることを決めた」(18)

１９８４年、ルイスはＣＢＳテレビに移籍し、"60 Minutes"のアシスタント・プロデューサー（後にプロデューサーに昇格）となる。そして、「アパラチアの教育長官の腐敗、サンフランシスコの郵便局員による数百万ドルに及ぶ社会保障費詐欺事件、労働長官と企業との癒着の告発、サルバドール・ダリの作品をめぐる詐欺事件、医療過誤事件、健康被害者へ圧力をかけるタバコ産業の法廷戦術、著名人の離婚訴訟を独占する弁護士の不正告発、1988年の大統領選挙で暗躍した外国企業と契約したロビイストなど」(19)、精力的に調査報道を行っている。

記録によると、ルイスの制作した二つの番組が、米国テレビ界最高の栄誉とされるエミー賞の最終候補となっている。

しかし1988年、ルイスはCBSテレビを去ることになる。それは、番組制作の中で起きた出来事がきっかけだったという。

「私にとって最後となる『外国のエージェント』と題した番組で、私は上司から特定の情報について台本から削除するように求められた。それは、ジャーナリズムとはまったく関係のない理由からだった」(20)

この外国とは、日本のことを指している。日米が貿易摩擦で激しく対立していたさなかの1988年、大統領選挙で民主・共和の両候補の有力支持者であった米元高官が多額の契約金を受け取り、日本企業のロビイストを務めていたことを告発する内容だった。

この番組で取り上げた人物がＣＢＳ幹部の個人的な親友だったことから、番組制作は迷走した。最終的には放送にこぎ着けたものの、ルイスには不満の残るものとなった。また、放送自体は大きな反響を呼んだにもかかわらず、番組で指摘された元高官らから放送後に抗議が寄せられると、「重要な問題を報じたという称賛は受けられず、問題を起こしたとして非難される状況となった」という。

そしてルイスはＣＢＳに辞表を出す。そのときの状況について、彼は著書に次のように書いている。

「それらすべての不快な経験が私の中ではじけた。そして、『外国のエージェント』が放送された翌朝、契約期間の途上で、また支えるべき家族と支払い途中の家のローン、実質的に蓄えのない状態で、"60 Minutes"を辞めた」(21)

非営利報道「CPI」の設立

主要メディアからの決別

CBSを辞めたルイスは、新聞社や他のテレビ局に行くことは考えず、友人のジャーナリストとともに、新たなジャーナリズムのモデルがつくれないか議論を続けたという。友人とは、一人はNBCテレビのディレクターだったアレハンドロ・ベネス（Alejandro "Alex" Benes）、もう一人は現在、非営利報道のサクラメント・ビー（The Sacramento Bee）で調査報道を行っているチャールズ・ピラー（Charles "Charlie" Piller）だ。「この二人と、主要メディアからの決別とはどういうことなのか、それは具体的にどうやったら可能なのかを議論する毎日だった」と当時を振り返っている(22)。

その議論の中で、ルイスが最終的にたどり着いた手法は、自ら団体を組織して調査報道を行うというものだった。その団体の運営方式は"nonprofit"、つまり「非営利」という形態で、一般から寄付を募って活動するというものだった。市場の論理から離れることで、公共にとって必要な調査報道を自由に行うことを目指したのだ(23)。

寄付によるジャーナリズムを目指す

非営利団体は、米国では社会のさまざまな分野で活発に活動している身近な存在だ。米国社会はいろいろな形で寄付が社会を支えている。しかし、ジャーナリズムをこのような形式で実践するのはまれなことだった。

正確には、非営利団体が報道を実践するという形態は以前からあった。最も古いのは、1908年に創設されたクリスチャン・サイエンス・モニター(The Christian Science Monitor)紙であり、1976年には雑誌のマザージョーンズ(Mother Jones)が創刊されている。世界的な通信社のAP通信も非営利団体だ。公共放送のPBSとNPRも非営利団体である。

ただし、これらはいずれも特定の財源を持ち、広く一般に寄付を求めているものではない。クリスチャン・サイエンス・モニター紙は、ボストンに本部のあるキリスト教の教会が創設したもので、この教会からの寄付を財源とする。マザージョーンズ誌は、労働組合からの寄付によって成り立っていた。AP通信は加盟するマスメディアの加盟料で運営され、PBSとNPRは議会からの助成金が主な財源となっている。

この点についてルイスは、「財源を確保することは重要だが、特定の団体や個人からのみ資金を得るのでは、『寄付した者の意図に基づいて取材をしているのではないか』と疑問を持たれる。それでは社会の信用を得ることはできない。財源は幅広く寄付を募ることが重要だ」と話している(24)。

しかし現実には、広く一般から寄付を得るというのは容易なことではなく、活動費を賄うだけの資金を集めることも困難だ。ルイスが寄付の提供者として期待したのは、「慈善事業財団(“foundation”以後、財団)」だった。

だが実際には、財団から寄付を集めるのも楽なことではなかったようで、前述のニュージアムで開かれたセレモニーでは、ルイスから寄付を求められたある財団の責任者が当時のエピソードを語っている。

「友人から電話があり、『CBSを辞めたチャールズ・ルイスという男が君を頼って行くから、相談に乗ってくれ』と言われた。それで会ったのだが、私が最初に彼に言ったのは、

『今からCBSに戻って謝罪し、また仕事を続けなさい。君が考えているほど、簡単に寄付なんか集まらないよ』というものだった」[25]

CPIの設立と非営利報道の始まり

それでもルイスは自らの団体を立ち上げ、1989年にセンター・フォー・パブリック・インテグリティ（The Center for Public Integrity：CPI）を設立する。同時にそれは、一般から広く寄付を集める非営利報道の始まりでもあった。

最初は寄付集めで苦戦が続いたが、徐々に寄付が集まるようになる。ルイスは、最初に得た寄付のことを今でもよく覚えているという。それは、Mary Reynolds Babcock Foundationという財団が出してくれた2万5000ドルだった[26]。

団体名にある"Public Integrity"とは、「公共の清廉」「公共の健全性」といった意味である。"Integrity"という英語になじむ日本語を見つけるのは困難だが、この言葉は米国人が耳にしても随分と肩肘を張ったものに聞こえるらしい。

この名称についてルイスは、「本当は"The Center for Investigative Reporting"がよかった

のだが、その名称は既に登録されていて使えなかった。考えた末、"Public Integrity"という言葉を使おうと思った。気恥ずかしさはあったが、それくらい自分を鼓舞したいという思いもあった」(27)と語っている。

自分を鼓舞する必要があったという当時の心情を、ルイスは前述のニュージアムのセレモニーで語っている。ルイスには当時、8歳になる娘がいた。その娘とのやり取りについて語ったものだ。

研究室でのチャールズ・ルイス(2017年)

「娘が私の新しい事務所を見たいとせがむのには困った。新しい事務所といっても、自宅の2階がそれだったからだ。それでは娘が不安がるだろうと思い、ワシントンDCの郵便局へ連れて行き、『ここがお父さんの新しいオフィスだよ』と言って、安心させたものだ。それが必ずしもうそではなかったのは、郵便局に私書箱を開設していたからだ」(28)

本物の事務所であった自宅は、活動の初期資金を得るため、銀行の担保に入れたという。そうして始まったCPIの活動は、アマンプールとバーンスタインという米国を代表する二人のジャーナリストが語ったように「考えられないような手」であり、「極めてまれな人物」による行いだったのである。

【注釈】

（1）Cable News Network　米国の報道専門テレビ局。
（2）湾岸戦争の報道で知られるCNNの記者。
（3）米民放テレビNBCの親会社。
（4）Associated Press　ロイター通信と並ぶ、世界最大の通信社。
（5）2010年12月22日、アメリカン大学での筆者によるインタビュー。
（6）SAIS（Paul H. Nitze School of Advanced International Studies）の愛称で呼ばれ、米国の外交官養成学校として知られる。
（7）同（5）。
（8）同（5）。
（9）元ワシントン・ポスト紙の記者で、調査報道の第一人者として知られる。

(10) 同(5)。
(11) 2010年10月21日、ニュージアムで行われたセレモニー(The Center for Public Integrity 20th Anniversary Committee)での発言。
(12) Charles Lewis, *935 LIES, The Future of Truth and the Decline of America's Moral Integrity* (PublicAffairs, 2014)
(13) 同(12)。
(14) 同(12)。
(15) 同(12)。
(16) 同(12)。
(17) 同(12)。
(18) 同(5)。
(19) 同(12)。
(20) 同(12)。
(21) 同(12)。
(22) 2013年3月14日の電子メール。
(23) 同(5)。
(24) 同(5)。

(25) 同(11)。
(26) 同(22)。
(27) 同(5)。
(28) 同(11)。

第3章

CPIによる調査報道の実践

公開情報を駆使した調査報道

CPIの役割と課題

1989年3月30日、チャールズ・ルイス（Charles Lewis）はワシントンDCにセンター・フォー・パブリック・インテグリティ（The Center for Public Integrity：CPI）を設立する。その翌月には、非営利団体としての認証を得て活動を始めている。

しかしルイスは、CPIの成功を確信していたわけではなく、まして非営利団体の運営について特に知識があったわけでもなかった。

「私は非営利という世界について何も知らなかった。そのマネジメントも、会計も、寄付金集めも、まったく経験がなかった。多くのベンチャー企業が失敗しているという殺伐とした事実も理解しておらず、私の試みは何とか成功するのではないかと願っていた」(1)

まだ若く、実績もあるルイスには、主要メディアに再就職する道もあった。それでも新たな道を選択したことについて、ルイスはある確信を抱いていた。

「新たに始める団体（CPI）では、ワシントンで日々流される発表ジャーナリズムという独り善がりなものではなく、そのさらに奥深くにある、主要メディアの記者たちが読み込むことのない公的な記録や公文書を掘り返すことに専念することにした。私はそれまでの経験から、そうした作業こそが、癒着やえこひいき、法に触れないぎりぎりの腐敗を明らかにすることを知っていたからだ」(2)

ルイスのつくったCPIが一つのモデルを提供し、それがやがて「パナマ文書」までつながることになる。その際にルイスが選んだ手法に、CPIのみならず後の非営利報道の成功に道を開く鍵が潜んでいたのである。

CPI最初の報道

ルイスがCPIを設立して非営利報道で最初に手がけたのは、CBSテレビ時代に制作した"60 Minutes"の『外国のエージェント』をさらに掘り下げる調査報道だった。

まだ、インターネットが普及していない時代だ。ルイスは調査報道の結果を記者会見して発表するという形を取っている。CPI最初の報道である「米国の貿易交渉最前線に立つ高官たちの実態」は、１９９０年12月に発表された。

その際、記者に配られた２０１頁にわたる報告書には、過去15年間にホワイトハウスで勤務した貿易交渉担当官の47％が、退官後に外国政府や外国企業と契約して「外国のエージェント」として働き、巨額な富を得ていたという実態が記されていた。

ルイスが会見を開いた場所は、日本の新聞、通信、テレビ各社のワシントン支局も多く入るワシントンＤＣのプレスセンターで、ＣＮＮ、Ｃ-ＳＰＡＮ、ＡＢＣテレビなど多くの主要メディアで報じられた。その反響は大きく、司法省、会計検査院（Government Accountability Office：GAO）が調査に乗り出し、議会で公聴会が開かれた。

最終的には、１９９３年１月に、当時のビル・クリントン大統領による、ホワイトハウス高官が外国企業や外国政府のエージェントになることを禁止する大統領令の発令へとつながっている(3)。

この報道は、公的な資料の分析によって得られた結果である。従来の新聞やテレビによる調査報道で使われたような、特殊な人間関係によって政府や企業の情報を得て取材を進めるというものではなかった。

例えば、米国ではロビイストとしての活動は認められており、その資料は連邦議会に請求すれば誰でも読むことができる。特定のロビイストがどのような経歴で、何の利益のために活動しているのかが書かれた報告書は一般に公開されているからだ。

ただし、その報告書は膨大で、普通の人が目にすることはほとんどない。ルイスは、この資料をCPIで雇ったスタッフらと丹念に調べたのである。ここに、ルイスの調査報道の特徴と、非営利報道の成功の秘訣があるのだが、その点をさらに詳しく見ていきたい。

政治資金に左右される大統領選

この報道によって注目され始めたルイスは、さらに調査報道に力を入れる。その対象として選んだのは、政治と金の関係である。そこには、ABCテレビで調査報道の手ほどきを受けたカール・バーンスタイン（Carl Bernstein）の影響もあった。

バーンスタインが、ニクソン大統領を辞任に追い込んだウォーターゲート事件の決め手となったのは金だった。ルイスは次のように話している。

「今では米国の調査報道の世界では、“follow the money”というのが一種の合言葉となっている。これは、映画『大統領の陰謀』で最初に使われたセリフだ。金を追え。そうすれば真実に近づける。私が目指したのは、金を追うことで政治の本質を明らかにするというものだった」(4)

その調査報道の内容は、大統領選挙がいかに政治資金によって左右されているのかを社会に示すものだった。ルイスは、米国社会で誰もが疑問に思いつつ、その一方で誰もが素通りしてきたテーマに取り組んだのである。

ルイスとCPIのスタッフは、1996年の大統領選挙を題材に、まず、政党および各候補にどのような政治資金(米国では正確には「キャンペーン・ファイナンス(Campaign Finance＝選挙資金)」とされるが、日本語になじまないので、本書では「政治資金」とする)が流れているかを整理した。そして、政党や各候補者が掲げた政策を整理する。そこから、その選挙で勝利した政党や候補者と政治資金との関係を分析してみせた。

これによって、どのように大統領が決まり、その大統領の政策がどう影響されるかを明らかにしようとしたのだ。それは*The Buying of the President*(Avon Books, 1996)というタイトルで本にまとめられ、その年のニューヨーク・タイムズ紙のベストセラーの一つとなっている。

大きな反響を呼んだこの調査報道は、続けて2000年、2004年の大統領選挙についても行われ、それらはすべて出版されている。

その内容を、シリーズ最後の作品となった2004年版から見てみたい。この選挙は、最終的に共和党のジョージ・W・ブッシュと民主党のジョン・ケリーが争ったものだ。同書では、共和党と民主党に寄付をしている法人について、それぞれ金額の多い上位50位について掲載している。

それによると、共和党への献金額が最も多いのは、世界的なタバコ会社のフィリップ・モリスだ。日本でも知られている企業では、巨大通信企業のAT&Tが5位、マイクロソフトも8位に入っている。17位には、あらゆる銃規制に反対することで知られる全米ライフル協会が入っている。

一方の民主党は、圧倒的に労働組合からの寄付が多いことが分かる。1位は地方自治体公務員の組合で、伝統的に民主党の強固な支持基盤と言われる教職員組合も7位に入っている。共和党への寄付額が多いフィリップ・モリスも民主党に寄付しているが、38位だ。

その金額は、共和党への寄付額の4分の1程度にとどまっている。

これらの事実から、共和党がタバコ規制に積極的になりにくいことや、銃規制に反対しそうなことが分かる。一方、民主党は、公務員改革や公教育改革にメスを入れにくいことが推察できる。つまり、大統領が誰になるかによって、その資金源を分析することでどのような政策を行うかが、予見できるということだ。今では当たり前に指摘されていることだが、資金を追うことで明確に解きほぐしたと言える。

同書には、各候補の個別の資金源も掲載されている。このうち、選挙戦に勝利するブッシュについて見ると、メリルリンチ、クレディ・スイス、ゴールドマン・サックスなど、ウォール街の主役たる企業名が並んでいる。いちべつすれば、ブッシュがウォール街を敵に回すような政策を取れるはずがなく、さまざまな批判を浴びながら決定された金融機関への公的資金の導入の背景には、こうした資金の流れが影響しているだろうことがうかがえる。

情報公開制度を使った取材

ルイスは同書の中で情報源を明示している。その主なものは、連邦選挙委員会（Federal Election Commission：FEC）、内国歳入庁（Internal Revenue Service：IRS）だ。候補者によっては、例えばブッシュの場合、地元のテキサス州の政治倫理委員会（Texas Ethics Commission）が主な情報源として記載されている。

同書の内容は、これらの機関がルイスらの情報公開の求めに応じて出した資料から必要な情報を拾い出したもので、すべて公開可能な情報を基に書かれているのである。

最初の調査報道である「米国の貿易交渉最前線に立つ高官たちの実態」でも見られたが、この公開可能な情報を基に取材を進めるというのが、ルイスの調査報道の特徴だと言える。ルイスは、国家の機密情報といった入手困難な情報や、政権内でささやかれている極秘情報を暴いたわけではない。一般に公開されているものの、人々の目に届くことはなく、かつ、情報をいちべつしただけではその意味するところが分からないものを、あくまでも正規のルートで入手して整理したのだった。

ルイスの調査報道では、政府内に情報源をつくる必要はない。このため、情報源に近づく必要もないし、まして情報源と親しくなるために心血を注ぐ必要もない。

情報公開制度という誰もが等しく使える制度を利用する。そして、粘り強く資料を集め、それらの意味するところを整理して報じるというものだ。

よって、情報を得るためにかかる経費も限られたものに抑えることが可能だ。資料を丹念に読み解くという辛抱強い作業は必要となるが、従来の調査報道のように、多額の取材費をかけて記者が全米を飛び回るという種類のものではない。財源に限りのあるＣＰＩでも可能な手法だった。

ルイスがこの手法にこだわったことが、その後の非営利報道の誕生にも道を開いたと言える。逆に言えば、主要メディアと同じように政府内に情報源をつくって結果を得ようとしていたら、ＣＰＩは資金不足で数年と持たなかっただろう。

ちなみに情報公開制度は、米国ではＦＯＩＡ（Freedom of Information Act）と呼ばれている(5)。現在は、インターネットで各省庁と直接やり取りができるほど便利になっている。オンライン上で手続きを行うだけで、官公庁に足を踏み入れることなく情報を入手できる。

ルイスがＣＰＩを設立した１９８９年当時は、これほど便利ではなかった。そのため、

ＣＰＩを本格的に運営するために事務所を自宅から首都ワシントンＤＣの官庁街に移した。そして採用したスタッフとともに、ＦＯＩＡで得た情報を整理し、その内容の意味するところを追加取材するなどして書物にまとめていった。*The Buying of the President* の調査報道は連邦議会についても行われ、*The Buying of the Congress* として本にまとめられている。

ＣＰＩは、報告書をまとめては記者会見を開いた。それが新聞やテレビに取り上げられることで、その評価を高めていくことになる。インターネットの普及していない当時としては、それが唯一の情報発信だったとも言える。

ルイスはそこでも、細心の注意を払うことは忘れなかった。当時、ルイスをはじめＣＰＩのスタッフらも、自らをジャーナリストとは称さなかったという。

「主要メディアは、新聞もテレビも、他のメディアが調べた事実を取り上げることに積極的ではなかった。だから我々は最初、誰も記者という肩書は使わなかった。我々は調査機関であって、報道機関ではないという体裁を取ったのだ。面白いもので、そうなると、主要メディアはこぞって我々の調査結果を報じてくれる。それは成功だったと言えるだろ

う」(6)

消費者問題の弁護士兼ロビイストとして活躍しているパメラ・ルイス（Pamela Lewis）は、当時のルイスについてこう語った。

「『このチャールズ・ルイスというのは、いったい何者なの？』と思ったものだ。私たちが記者会見を何度しても、ワシントン・ポスト紙が取り上げてくれることなんてなかった。仮に取り上げてくれても、小さな記事で写真が載るなどということはなかった。それで本人に会って、『あなたはどんなトリックを使っているのか？』と問い詰めた」(7)

記者会見をするたびに、ワシントン・ポスト紙などの主要メディアに大きく写真入りで紹介されるルイスを見て、腹が立って仕方なかったという。そんな彼女は、後にルイス夫人となる。

ルイスの発する調査報道が影響力を持ち始める中で、後述するように、ＣＰＩには次第に寄付が集まるようになる。同時に、数人で出発した当初からは考えられないくらい多くの人材を採用することになる。そして彼らは「調査員」ではなく、「ジャーナリスト」の肩書を使うようになっていく。

ただ、その主力スタッフは、大学や大学院のインターンだった。常勤スタッフを雇うほどにはまだ余裕がなかったからだ。それでも、時間給で働く、若く気概にあふれたインターンとルイスらベテランのジャーナリストとが融合して、独自の調査報道で成果を出していった。

インターネットの普及が活動を後押し

そして本格的なネット社会の到来が、さらにルイスに味方する。発足から10年たった1999年、CPIは自前のウェブサイトを立ち上げる。そして、記者会見を開くやり方をやめ、ウェブサイトに調査結果を発表するようになった。これは、当初ルイスが考えていなかったうれしい誤算だった。

「CPIや他の非営利報道が可能となった最大の理由は、インターネットの普及だ。この便利なツールによって、我々は巨大な資本を投下して輪転機を準備したり、テレビスタジオを所有しなくても、ニュースを発信することができるようになった」(8)

CPIはその後も、大統領が巨額の資金を提供した人物をホワイトハウスに宿泊させるなどの実態や、湾岸戦争やイラク戦争で米軍の下請け業務を一手に引き受けた巨大企業と政権の実力者ディック・チェイニーとの間の不透明な関係など、海外でも報じられるスクープ記事を出している。

その後、2005年にルイスはCPIを辞め、ハーバード大学ケネディスクールでの研究生活に入る。それについてルイスは次のように話した。

「CPIを私だけのものではなく、公的な存在にする必要があった。なぜなら、非営利報道は米国のジャーナリズムにとって不可欠だとの確信を持つに至ったからだ。そのためには、創設者が代表を続けることはよくないと考えた。それに、自分がつくった非営利報道について客観的に見たいという思いもあった」(9)

財源の強化と新たな活動への挑戦

活動を支える「デベロップメント」

CPIは、ルイスが代表を辞した後も拡大している。資料によると、2008年の収入は約827万ドルで、このうちの9割超が財団からの寄付で、残りが会員制の会費やコマーシャル収入となっている(10)。

一方、この年に使った費用は約393万ドルで、78%が取材経費、8%が組織運営費、1%が広報宣伝費、そして残りの13%がデベロップメント(development)の経費となっている(11)。このデベロップメントとは、寄付を集める作業のことだ。

CPIの活動を見ると、デベロッピング・ディレクター(Developing Director)という肩書の寄付獲得責任者が重要な役割を担っていることが分かる。その存在なくしては、CPIの成功もなかったことをルイス自身も認めている(12)。

その寄付集めの重責を担ったのは、バーバラ・シェクター(Barbara Schecter)という女性だ。彼女は、「CPIが年間に得る寄付の額を、当初の寄付獲得額から6倍に増やした」(13)と評されたすご腕の会計責任者だった。

筆者は、引退する前のシェクターに、寄付を集める作業について尋ねたことがある。彼女は次のように話した。

「私の仕事は、財団と交渉して、活動の趣旨に賛同してくれる財団から寄付を得るというものだ。もちろん寄付については、それが適正に使われたことを示す報告書を寄付者である財団に提出しなければならない。そうした報告書もまとめたりする」(14)

さらに次のように話した。

「ジャーナリズムに限らず、米国のあらゆる非営利団体には、私のような担当がいる。私はさまざまな団体で寄付を集めてきたので、そういう担当の友人を多く持っている。そうした友人らと定期的に会って情報交換をしている。どこの財団がどのような寄付に関心を持っているか、事前に情報を集めるのだ。そうすれば、よい提案書を早めに準備することができる」(15)

シェクターによると、周到な準備をしても、最後は団体の代表の資質がものを言うのだという。

「いろいろと準備をして提案書を出すが、最後の決め手はやはりチャック(ルイス)だ。最後にチャックが出て来て、このプロジェクトがいかに意味のあることかを説明すると、それで決まりだ。だから、最後はチャックなのだ」

ルイスが去ると同時に、シェクターもCPIを去っている。今、CPIの年間予算は日本円で10億円にも上り、後述するプロパブリカ（ProPublica）とともに、米国で最も大きな非営利報道となっている。

CPIの取材体制と活動指針

次に、CPIの取材体制を見てみたい。CPIは現在、記者50人余りを抱え、政治と金の流れを追うワシントン担当を中心に、さまざまな調査報道を展開している。

2011年から2015年まで代表を務めたビル・ビューゼンバーグ（Bill Buzenberg）は、「ワシントンDCで、調査報道のみを専門に行う記者を50人も抱えている報道機関は他にない」と語っている(16)。

CPIでは、取材部門だけで次の八つのセクションに分かれている。

①環境問題
②金融問題
③国際問題

④社会・健康問題
⑤ワシントン担当（Washington Desk）
⑥データ分析
⑦ウェブサイト情報
⑧映像ニュース

また、ＣＰＩは活動の指針として、「国などの機関が透明性と信頼性を維持するために、公的な問題について独自の調査報道を展開すること」[17]を掲げている。その上で、次の５点について努めるとしている[18]。

(1)社会にとって重要なさまざまな問題について、高いクオリティーを持つ誰でもアクセスできる調査報道、資料収集、解析を行う。
(2)デジタル、電波、活字の媒体などを総合的に活用し、調査報道の結果をジャーナリスト、政治家、学者、市民に伝える。

(3)政府やその他の機関の信頼性を維持するために必要なツールと技能を市民に与える。
(4)CPIと価値観や責務、国際的なプロジェクトを行うレベルを共有する各国の調査報道記者たちと連携し、支援する。
(5)強力で持続的な資金的な支援を構築することで、独立性を維持する。

ビューゼンバーグは、CPIと今後の非営利報道の方針について、興味深い話をしてくれた。

「非営利とは言っても、収入を得る道を持つことは重要であり、CPIでは非営利の部分と、収入を得る部分の両方に力を入れようと考えている。それは実は、公共ラジオでも行われていることで、私が9年間を過ごしたミネソタ公共ラジオは、特にその点で有名だった。ミネソタ公共ラジオは収入を得る道を四つ持っており、それが非営利の部分も支えていた。資金を両面から得ていたわけで、それはとても強固なものだった。それが我々のモデルだ。

もちろん、フィランソロピー（社会貢献）もある。財団や個人、メンバーシップもある。

そして我々は、可能なさまざまなビジネスも始めようとしている」(19)

大統領演説のファクトチェック

CPIは、これまで紹介した調査報道以外にも、さまざまな取り組みを先駆的に行っている。その一つに「ファクトチェック（Fact Check）」がある。

ファクトチェックとは、政治家などの公人の発言やメディアの情報について、事実かどうかを確認する作業のことだ。トランプ政権の誕生した米国では、多くのメディアがファクトチェックを行っている。それにいち早く着手したメディアの一つがCPIだった。

それは実際にどのように行われているのだろうか。筆者は、2011年のオバマ大統領の一般教書演説のファクトチェックについて、現場を視察する機会を得た。

2011年1月25日午後8時半（米国東部時間）。CPIの会議室では、6人の記者がパソコンに向かって作業をしていた。壁に設置された大画面のテレビには、米国議会の映像が流れている。大統領の一般教書演説を伝えるNBCテレビの特別番組だ。

記者の前には、大統領の演説草稿が置かれている。その草稿を見つつ、演説で語られていることについて調べ、事実関係に間違いや意図的な解釈などを見つける作業が既に始まっていた。

そして実際に草稿と発言が同じであることを確認しつつ、その結果をリアルタイムでウェブサイトにアップするという。当時、大統領の一般教書演説で、メディアがリアルタイムにファクトチェックをする試みは珍しいことだった。ビューゼンバーグは、「恐らく初めてではないか」と話した。

大統領の演説草稿は、午後7時すぎにはマスコミに提供される。当然、演説内容を事前にウェブサイトにアップすることはできない。そのため事実関係の確認も、大統領が読み上げた部分についてのみ行っていくことになる。テレビ画面では、NBCのアンカーマンであるブライアン・ウィリアムズ（Brian Williams）が議場の様子を伝えていた。しばらくすると、大統領の姿が映し出された。そして午後9時、大統領が壇上に上がる。演説が始まった。CPIのウェブサイトには、議会中継専門局のC-SPANの映像が出て、その下に記者が書き込むスペースが設けられている。

大統領が以前から政策の柱にしている新エネルギー構想について強調すると、風力発電などで米国企業が受注できる見込みが薄い事実がすぐに書き込まれる。オバマ大統領の演説では、石油に頼らない代替エネルギーの展開によって雇用を生み出せるとしており、事実誤認があると指摘された。

大統領の演説後は、対する共和党側の発言についても同じことが行われる。共和党の下院議員が財政赤字の増大を批判した部分では、「共和党のブッシュ前大統領の時期に赤字が４４０億ドル増大したことには触れず、大統領を批判している」と書き込まれていた。

２時間余りの書き込み作業の中で、アクセス数は４０００件余りだったという。中には外国からのアクセスもあった。４０００件というアクセス数は大きなものではないが、ビューゼンバーグは「一つの試みとしては評価できる」と話した。

ピュリツァー賞の受賞

ＣＰＩは、その後も主要メディアとは一線を画した調査報道を実践し、２０１４年にピュリツァー賞を受賞している。それは、炭鉱夫が本来得られる当然の権利を得られていないことを告発する記事だった。

受賞について、副代表のジョン・ダンバー（John Dunbar）は、次のように語った。

「ピュリツァー賞の受賞は、CPIのプロファイルを著しく高めるものとなった。取材したクリス・ハンビー（Chris Hamby）は、入社前にCPIでインターンを務めており、CPIを一緒につくってきた仲間だ。彼の仕事により、炭鉱夫が当然得られる利益のために皆が闘う必要があったことが明らかになった。これによって社会的に大きなインパクトを与えられたことを誇りに思っている」(20)

ビューゼンバーグは、ピュリツァー賞の受賞から間もなく代表を辞任し、引退した。その後任として、ダンバーが代表に就いている。

ちなみにダンバーはAP通信の記者だった当時、ルイスに共鳴してCPIに入ったが、ルイスがアメリカン大学で教授になるとCPIを辞め、アメリカン大学の大学院に入ってルイスの薫陶を受けている。ここでもルイスの教えは引き継がれているのである。

【注釈】

（1） Charles Lewis, *935 LIES, The Future of Truth and the Decline of America's Moral Integrity* (PublicAffairs, 2014)

（2） 同（1）。

（3） 同（1）。

（4） ２０１０年12月22日、アメリカン大学での筆者によるインタビュー。

（5） 米国務省のＦＯＩＡは「https://foia.state.gov/」から入れるなど、ネットによって請求が可能になっている。

（6） 同（4）。

（7） ２０１１年５月14日、ルイス宅での筆者によるインタビュー。

（8） 同（4）。

（9） 同（4）。

（10） CPI, *Progress Report 2009-2010*

（11） 同（10）。

（12） 同（4）。

（13） ２０１０年10月21日、ニュージアムで行われたセレモニー（The Center for Public Integrity 20th Anniversary Committee）での発言。

(14) 2011年3月15日、IRW事務所での筆者によるインタビュー。
(15) 同(14)。
(16) 2011年1月25日、CPIでの筆者によるインタビュー。
(17) "Produce original investigative journalism about significant public issues to make institutional power more transparent and accountable."
(18) http://www.publicintegrity.org/about
(19) 同(16)。
(20) 2013年8月28日の電子メール。

第4章

広がる非営利報道と多様化する姿

非営利報道の拡大

主要メディアの縮小と非営利報道の増加

チャールズ・ルイス（Charles Lewis）が始めた非営利報道と同様の取り組みは、今や全米に広がっている。ルイスと彼が代表を務めるアメリカン大学（ワシントンＤＣ）の調査報道ワークショップ（Investigative Reporting Workshop：IRW）の調査では、２０１２年８月時点で、全米で60の非営利報道が活動していることが把握できた。これは、２０１０年に行われた前回調査よりも15多い数となっていた(1)。さらに２０１７年では、２００近いとの数字もある。その２０１２年の調査結果から概要を見てみたい。

調査結果によると、非営利報道が急激に広がりを見せるのは、２００５年以降である。まず、２００５年に3団体がワシントン州、コネチカット州、カリフォルニア州に設立された。翌２００６年には2団体、２００７年には4団体、２００８年には6団体、２００９年には17団体、２０１０年には5団体が設立されている。

これについてルイスは、非営利報道の広まりと、新聞、テレビといった主要メディアの規模の縮小とはリンクしていると見ている。しかし、必ずしもそうした状況を見通していたわけではなかった。

「今から振り返れば、私には先見性があり、こういうメディアの経済的な苦境を見越して非営利報道をつくり出したと思う人がいるだろう。実際、報告を見て、改めて非営利報道がメディアの生存にとって不可欠な存在になっていることが分かった。しかし正直なところ、私がCPI（The Center for Public Integrity）をつくったときは、メディアが経済的に苦境を迎えることなど想像もしていなかった。私は純粋に、調査報道をするには何が適しているかを考えて寄付を集めるという手法に行き着いただけだ」(2)

非営利報道の規模

それぞれの非営利報道を規模別に見てみる。まず、常勤のスタッフの数では、常勤スタッフのいないところが4団体、1人が6団体、2人が7団体、3人が9団体、4人が3団体、5人以上が2団体だった。

つまり、常勤スタッフが5人以下のところが半数以上の31団体を占めている。また、常勤スタッフが10人未満で区切ると39団体となる。もちろんこうした団体では、大学院でジャーナリズムを学ぶ学生をプロジェクトごとに雇うこともあるし、フリーランスのジャーナリストと契約するなどして、活動を続けている場合もある。この調査から、ジャーナリストを雇用する場としては、非営利報道はまだ規模が小さいことが分かる。

ルイスが創設したCPIには、40人の常勤スタッフがいる（現在では50人以上に増えている）。詳しくは後述するが、ニューヨークに本部を置くプロパブリカ（ProPublica）にも39人の常勤スタッフがいる。この事実は、徐々に規模の大きな非営利報道が育ってきていることを意味している。

一方で、常勤のスタッフがいない団体もある。そうした団体では、スタッフはすべてボランティアベースで働いているという。60の非営利報道では、常勤として雇用されているスタッフ（代表も含む）は計658人となる。このうち7割近い443人が、過去に既存の新聞社やテレビ局で働いていた元記者、元ディレクターとなっている。

次に、予算規模で見てみる。調査に対して期限までに回答のなかったところが9団体あった。他に1団体は「予算が組めなかった」と回答し、もう1団体は「現在、寄付を受けるための手続きが進行中」との回答だった。

つまり、60あるとされた非営利報道のうち、資金を得て活動しているのは49団体ということになる。その結果をまとめると表1のようになる。

年間の予算が、日本円に換算（1ドル＝100円）して1億円に満たない数千万円規模の団体が最も多いことが分かる。これに1億円以上5億円未満の規模の団体が続いている。回答のあった49団体のうち、40団体は年間の予算規模が1000万円以上5億円未満となっており、非営利報道がある程度は持続可能な財政事情を確保していると判断できる。

【表1】非営利報道の予算別団体数

予算規模	団体数
1億ドル以上	0
1000万ドル以上	2
500万ドル以上	2
100万ドル以上	14
10万ドル以上	26
5万ドル以上	1
1万ドル以上	4
1万ドル未満	0
その他	11※

※9団体が「未回答」、2団体が「予算が組めなかった」「手続きが進行中」と回答

非営利報道の類型化と大型化

非営利報道の三つの類型

非営利報道は、その活動内容から大きく三つの類型に分けることができる。一つ目は、主要メディアのような全米、全世界を対象とした規模の大きな調査報道を行う団体だ。二つ目は、特定の問題や特定の地域に絞って調査報道を行う団体。そして三つ目が、前述のジャーナリストを支援する団体や特定のデータを収集して提供するデータバンク型の団体となっている。

全米規模で活動するプロパブリカ

ルイスがつくったＣＰＩとともに、全米規模で活動している大型の非営利報道の代表格は、ニューヨークに本部を置くプロパブリカだ。同団体は２０１０年、ハリケーンカトリーナの医療現場の実態を暴いた調査報道でピュリツァー賞を受賞し、メディア関係者を驚かせた。翌年にもピュリツァー賞を受賞しており、今やピュリツァー賞候補の常連とも言える存在になっている。

プロパブリカは、2008年1月に設立された。金融業で財を成した資産家のハーバート・サンドラー（Herbert Sandler）が新聞業界の不振に危機感を抱き、調査報道を本格的に行うジャーナリズムの必要性を感じて創設した。サンドラーが寄付する年間1000万ドルが活動資金となっている。

団体の代表は、ウォール・ストリート・ジャーナル紙の編集局長だったポール・スタイガー（Paul Steiger）が発足の当初から務めている。プロパブリカがピュリツァー賞の常連となったのは、専門性の高い優秀な記者を集めたからだ。記者の採用に当たっては、1300人あった応募から32人の記者を雇用したと、広報担当の副社長を務めるマイク・ウエッブ（Mike Webb、2010年当時）はインタビューで語っている(3)。

採用した記者は、誰もが主要メディアでベテランとして鳴らした人たちであり、設立当初から、極めて優秀な人材がそろっていたことになる。

プロパブリカが当時公開していた資料によると、最初の年、つまり2008年について内国歳入庁（Internal Revenue Service：IRS）に提出した報告から、次のことが分かる。

寄付による収入は854万ドルで、その他の収入が2万6000ドルとなっている。寄付の854万ドルは、資産家から寄付された1000万ドルを積み立てた基金からさらに団体に組み入れられる形を取っていた。

支出は613万ドル余りで、その内訳は給与の総額が約354万ドル、福利厚生が約26万ドル、公的資料の謄写など、いわゆる取材費に該当するものの総額が約200万ドルとなっている。

記者の給与はどうなっているのだろうか。内国歳入庁に出された前述の資料には、給与の総額約354万ドルの内訳も記されている。それによると、代表のスタイガーが57万ドル、管理業務で代表を補佐する担当者の給与が約29万ドル、編集部門で代表を補佐する責任編集長が約45万ドルとなっている。

現場の記者の給与についても、金額の高い者については記されている。最も高額な記者は約16万ドルで、それに約10万ドル、約9万ドルと続いている。記載された者の給与額を総額から差し引くと約200万ドルとなるため、これを残りの26人で割ると1人当たり7

万ドル前後という数字になる。経験のある記者を雇用していることもあるが、給与は米国の主要メディアと遜色ないと言えそうだ。

翌2009年の内国歳入庁の資料では、寄付による収入が635万ドルで、寄付以外の収入が7000ドルとなる。一方で、支出は840万ドルとなっている。資料の数字上では、約203万ドルの単年度赤字を計上していることになる。

これについてウエッブは、次のように説明した。

「知ってのとおり、我々には年間1000万ドルという資金が入ってくる。それをどう会計に組み入れるかという戦略から、毎年の収入を計算している。2009年は赤字となっているが、お金がなくて赤字になっているわけではない。まったく心配することはない」(4)

特定の資金源を持つプロパブリカへの批判

多くの非営利報道は、新聞やテレビに記事を提供することで資金を得ている。プロパブリカのピュリツァー賞受賞は、ニューヨーク・タイムズ紙との共同プロジェクトに対するものだった。

ウエッブによると、プロパブリカの取材の多くは、主要メディアとの共同プロジェクトだという。しかしプロパブリカは、共同プロジェクトの相手からは資金を得ていないという。

「主要メディアとの共同プロジェクトの意味は、多くの人にニュースを知ってもらうことにある。それが、プロパブリカの存在を知らしめることになるからだ。ニューヨーク・タイムズ紙に記事が出れば、大きな影響力と認知度を得ることになる。ニューヨーク・タイムズ紙からお金を得るよりも、それは大きな意味があると思う」(5)

プロパブリカのこうした判断の背景には、資産家から3年間にわたって単年度当たり1000万ドルの寄付を得られるという、潤沢な財務状況があることは間違いない。この資産家とは、投資家のハーバート・サンドラーのことで、プロパブリカの創設者でもある。これは、プロパブリカの活動を幅広いものにする半面、一人の資産家から得た資金で動いているという批判が常に付きまとう負の側面も与えている。

実際、その優れた実績にもかかわらず、プロパブリカを批判する声はよく聞かれる。それは、「ウォールストリートの大物から得た資金で、金融機関の不正を暴けると思うか?」といった問いに代表される。

ルイスが2008年にアメリカン大学に創設したIRWと共同で報道番組『フロントライン(Frontline)』を制作している公共放送PBSの幹部と話をした際に「IRWとの共同制作のような形で、プロパブリカとの共同制作もあり得るのか?」と問うと、「プロパブリカが得ている資金の性質を、もう少し検討しないといけない」と話した。

こうした受け止め方についてはプロパブリカも神経質になっているようで、ウエッブは、「多くのメディアが、我々が一つの資金源から得たお金で調査報道をすることに否定的な見方をしている。我々は現在、他の資金源を得るための努力もしている。そのために〝資金源の発掘(developing)〟を担当する副社長を新たに雇い入れた。優秀な彼女の働きで、資金源を増やすことは可能だろう」と話した(6)。

プロパブリカの支援者ハーバート・サンドラー

プロパブリカに多額の資金を提供するハーバート・サンドラーという人は、どういう人物なのだろうか。非営利報道を支える仕組みについては第5章で詳しく紹介するが、その前に、プロパブリカ設立の立役者であり、支援者でもあるサンドラーについて触れておきたい。

サンドラーは、詳細があまり語られることのない、ウォールストリートの富豪だ。当然、筆者が簡単に会える人物ではないが、実は偶然、会って話をする機会を得ることができた。それは、2011年4月にカリフォルニア大学バークレー校で開かれた、調査報道のためのセミナー(7)でのことだ。サンドラーは高齢にもかかわらず、夫妻で参加していた。夫妻は、セミナー会場の隅に目立たぬように座っていたが、会場の多くの人がその姿を意識しないわけにはいかなかった。主催者がサンドラーを紹介することはなく、セミナーでは調査報道の現状や課題について、午前・午後と数時間にわたって議論が行われた。

その間、議論にじっと耳を傾けている老夫妻の姿には、驚かされるものがあった。発言は一度もなかったが、参加者が夫妻の存在を意識していることは、ひしひしと感じられた。

それくらい、その存在感は群を抜いていたのだ。

昼の休憩時間、夫人と二人で椅子に座って休んでいるサンドラーを見つけて、近づくことにした。慌てて止めに入る数人の秘書を制したのは、サンドラー本人だった。緊張する筆者にほほ笑んで、逆にサンドラーから語りかけてきた。そのときの筆者の取材メモから、サンドラーとの会話を可能な範囲で再現したい。

「君は日本から来たジャーナリストだね。君のセミナーでの発言を興味深く聞いたよ」

「サンドラーさん、お聞きしたいことがあります。なぜ、あなたはジャーナリズムを支援するのでしょうか？」

「君はどう思う？　ジャーナリズムは支援するに値する存在じゃないのかね？」

「もちろん、私はジャーナリストとしてジャーナリズムの重要性を強く認識しています。でも、ジャーナリストではないあなたにとって、なぜ支援する対象になるのかを知りたいのです」

「健全なジャーナリズムがこの社会に必要不可欠だからだ。日本では、そうは思われていないのかね？」

「幸か不幸か、日本は米国ほどジャーナリズムの置かれた状況が厳しくありません。そのため、そこまで深く考える機会はなかったのです」

「私は、ジャーナリズムこそが、社会にとって必要な機能なのだと考えている。このシンポジウムを見ていて、それを再認識しているところだ。健全なジャーナリズムが機能しない社会で、人々の生活が豊かになるとは思わない。だから私は支援するんだ」

そして笑顔を合図に取材は終わった。サンドラーの答えは予想された内容ではあったが、第7章で後述する日本について考えたとき、資産家の中にこうした考え方を持つ人がどれだけ増えるかが、鍵を握っていることは間違いなかった。それが確認できたという意味では、重要なインタビューだったと考えている。

余談だが、後に、ルイスに「サンドラーと話をした」と言ったら、「それはすごい」と驚かれた。

特定の問題に特化した団体

青少年問題に特化したユース・トゥデイ

プロパブリカやＣＰＩのような規模の大きな非営利報道は少数であり、圧倒的に多くの団体は、限られた予算の中で、社会に必要とされる調査報道を可能な範囲で行っている。その方向性は二つあり、一つは地域に根差した報道をするものだ。これが最も多く、新聞社が倒産したりテレビ局が撤退した地域で、地方議会の不正を暴いたり学校の耐震性に問題があるなどの調査報道で実績を出している。

そしてもう一つの方向性は、報道対象を特化したものだ。

１９９２年にスタートしたユース・トゥデイ（Youth Today：YT）は、その典型的な団体だと言える。ワシントンＤＣの中心部にある小規模な団体で、青少年問題に携わる人を対象に、月刊の紙媒体とウェブサイトでニュースなどを発信している。年間の予算は１００万ドルに満たず、常駐スタッフは８人で、そのうち記者は４人しかいない。

記事は、青少年の裁判や養子制度、青少年と薬物、青少年と性の問題、青少年の労働の問題など、若者に関するあらゆるニュースを対象としている。連邦政府の予算が発表されると、その内容の中からすぐに青少年問題に関わる部分を掲載し、その解説と評価を書いている。

代表を務めるサラ・フリッツ（Sara Fritz）は、ロサンゼルス・タイムズ紙の調査報道記者だった。30年余りの記者生活を終えた２００２年から非営利団体の活動に携わるようになる。その後２０１０年4月から、ＹＴの発行人に就任している。既に取材の一線から退いているフリッツだが、精力的という言葉がぴたりとくる女性で、筆者との取材では、椅子に座ると質問より先に話し始めた。

「私の前任者はジャーナリストではなく、青少年関係の問題に携わってきた人物だった。その彼が、新聞を発行しようと考えてつくったのがこの団体だ。彼のやり方は典型的な非営利団体のそれで、財団からの寄付によって運営するというものだった」(8)

「女の子のニュース」を掘り下げる

以下で、フリッツへのインタビュー内容を紹介する(9)。

——若者の問題に特化してニュースを発信しているという理解でよいか。

そのとおりだ。若者の暴力、若者の生活支援、養子や里親制度、低所得者の子どもの教育など、青少年の抱えるすべての問題を対象にしている。

——財務状況はどうなっているのか。

新聞、ウェブサイトの購読料からも得ているし、広告料からの収入もある。私たちにとってのアドバンテージは、健康や青少年、それに教育といったフィールドが主要メディアではあまり取材されないということだ。新聞やテレビなどでも、昔は今に比べれば取材していたが、今はあまり記事を見ない。主要メディアが取材しない状況では、競争があまりない。

また、この種のニュースは、活動しているグループから直接もたらされ、その話がそのままニュースになる。だから私たちは、ニュースを発信する側に近いところにいる。私たちのニュースは、主要メディアの記者にも読まれている。

――他のメディアと共同で取材をすることがあるのか。

コラボレーションではない。購読してもらう形だ。しかし、年間の購読料は39ドルで、講読料は収入を得るというほどにはならない。

他社とのコラボレーションをやらない理由は二つある。CPIのような大きなところは、YTと聞いて、ただ笑うだろう。彼らは私たちを軽視している。彼らから見れば、私たちは調査報道ではない。実際には調査報道をしているのだが……。彼らの反応は、「青少年？　それで？」というものだ。

しかし、青少年問題を気にしない人がいるのだろうか？　子どもたちの教育が重要だと思わない人がいるだろうか？　教育を受けられない子ども、里親制度で18歳になった子どもが路上に放り出される。そうした問題は、誰もが関心を持っているはずだ。それなのに、主要メディアだけでなく、大規模な非営利報道も取材をしない。大規模な非営利報道は、

第4章

広がる非営利報道と多様化する姿

主要メディアの持っているバイアスに影響を受けているのだ。私は30年間、主要メディアにいて、そのほとんどの期間を調査報道に費やしてきた。だからよく分かる。

主要メディアは、国家の安全などのニュースを出したがる。私は、それを〝男の子のニュース〟と呼んでいた。対して、健康や教育、青少年に関することは〝女の子のニュース〟と言えるだろう。

そして、主要メディアはそうした〝女の子のニュース〟は取材したがらない。国家の安全や事件取材が大事ではないとは言わない。しかし、青少年のニュースも同じくらい大事なはずだ。思うに、主要メディアがこうしたソフトなニュースを適切に取材していれば、今のような読者が逃げていく状況にはならなかったと思う。

読者にアピールするために彼らがやったことは、セレブに関するニュースだ。健康や子どものニュースといった、本当に人々が関心を持っているものではなかった。米国の最も大きな問題は、無教育の子どもたちが次々に生み出されていることで、本来はそれ自体が最も重要な国家の安全に関する問題のはずだ。私たちは、労働力を失っている。しかし、その問題は十分に議論されていない。それどころか議会では、教育費が削減されているのだ。

そうした観点から、私はこの仕事の重要性を考えてここに来た。当時、私は既に引退をしていて、著作に取り組んでいた。しかしこのポストが空いたとき、この問題に取り組んでみたいと考えた。なぜなら、米国のメディアが激変する中で、彼らが〝女の子のニュース〟として扱うソフトなニュースをさらに掘り下げることができるか、ということを真剣に考えたからだ。だから、パートナーシップなどは考えられない。

——具体的には、どんな報道を行っているのか。

私たちは、意味のある調査報道をしている。例えば、少年刑務所で、子どもたちを薬物漬けにしているという実態を暴いたニュースだ。少年刑務所にいる多くの少年が精神的な問題を抱えているが、彼らにセラピーをするのではなく、薬物を与える。でも、刑務所を出た後にはその薬はない。このことが、次の犯罪を引き起こすのは明白だ。この記事の重要性を考え、私は公共放送のNPRと古巣のUSニューズ・アンド・ワールド・レポート(U.S. News & World Report)に提供しようと考えたのだが、彼らは関心を示さなかった。

そのニュースとは、２０１０年10月号に掲載された"Psych Meds Behind Bars"という記事だ。ジョン・ケリー（John Kelly）という記者が書いたこの記事の冒頭は、次のようになっている。

YTによる1年間にわたる取材によって、米国の少年収容施設でうつ病や統合失調症のための向精神薬が、それらの病気と診断されていない若者に投与されていることが明らかになった。これは各州の少年収容施設に関する記録から得られたもので、YTの取材に応じられたのは16州しかなかった。これは、多くの州が少年施設での薬物投与について監視する考えがないか、あるいは監視できないということを意味している。

——関心を示さなかった？　公共放送のNPRが最も扱うべきニュースではないだろうか。

そのとおりだ。しかし彼らは、まったく関心を示さなかった。

――その記事を書いた記者は、どのように取材をしたのか。

情報公開制度を駆使し、すべての州の情報を集めた。そして関係者に当たっていった。担当したのはたった一人の記者だ。彼は、青少年問題について深い知識を持っている。彼は毎日、ウェブサイトの記事を書き、それに加えて調査報道を行った。NPRなどの反応は、とても残念なものだった。主要メディアの中に、このようなニュースに対する一種のバイアスがあるとしか思えない。これは国家の安全に関するニュースではない、ということなのだろう。

――逆に言うと、YTには競争相手がいない。つまり、財団からの寄付を得るには有利なのでは?

ライバルがいないのは確かだ。支援してくれている財団が、私たちの報道に満足してくれているのも事実だ。また、購読者が減らないのも事実と言える。

――購読者は、青少年問題のプロの人が多いのか。

ほとんどが青少年問題のプロフェッショナルだ。主に、青少年問題に携わる団体が講読してくれている。だが、講読数は6000でしかなく、さらに増やさなければならないと思っている。

――購読者は全米にいるのか。

全米にいる。最も多いのはカリフォルニアだ。

――配達はどのように行っているのか。配達コストはかなりかかるのではないか。

当然、ウェブサイトにシフトしていっている。コストのためだ。紙媒体の発行には、主要新聞社のガネットに印刷と配達を依頼しているが、驚くことにさほど費用はかかっていない。

問題は、読者がどのような形でニュースを読みたいかということだ。まだ多くの人は紙媒体を好むため、紙媒体もやめていない。一方で、多くの人がウェブサイトを好み始めているのも事実だ。

ウェブサイトのヒット数は、急激に増えている。なぜなら青少年問題というのは、実は多くの人が関心を持っているからだ。ウェブサイトは私が来る数年前から始めていたが、それほど力を入れていなかった。私は、実質的にウェブサイトにシフトすべきだと考え、ウェブサイトの記事を毎日更新するようにした。それによって、さらに多くの読者をウェブサイトに惹きつけられると考えたのだ。

ウェブサイトには、自分たちで取材した内容に加え、フリーランスのジャーナリストが書いたもの、青少年に関わるさまざまな報道のヘッドラインも出している。誰が書いた記事かは明示するようにしている。

——オバマ政権が連邦政府の予算を発表した際に、ＹＴはすぐに各省庁の青少年問題に関わる部分について、詳細に記事を出していた。あれは内容を事前に入手していたのか。

事前に入手していないし、入手する努力もしていない。でも、私たちは青少年問題の専門家であり、発表内容を知らなくても準備できる。後は、発表された内容を読み、さらに書き込むという作業をするだけだ。

――運営について聞きたい。どのくらいの財団から寄付を得ているのか。

年間で約50万ドルが、財団からの寄付となる。これは、年間予算の半分に当たる。

――残りの半分は講読料などか。

そうではない。残りは、海外から青少年を受け入れるプロジェクトが主なものとなる。それに講読料と広告料が加わる。講読料による収入は、10万ドルには及ばなかったと思う。広告収入が10万ドルほどになっている。

――団体を運営するのには十分な資金か。

十分とは言えず、格闘している。財団に多く依拠しすぎた歴史があり、講読収入を上げて、コストを下げる努力が必要だと思っている。

――コストダウンはどうやっているのか。

これまでも、コストダウンについては努力している。今、記者は4人いるが、前は6人だった。２人に辞めてもらい、その代わりにフリーランスのジャーナリストと契約している。彼らには建設的な仕事が見られなかったからだ。その２人を雇う資金で、多くのフリーランスと契約した。

――フリーランスとの契約は期間か。それともプロジェクトごとか。

プロジェクトごとで契約している。私たちのやっていることは、まだよいモデルとして確立されているわけではない。まだ格闘している最中だ。当然、お金を生み出す団体にはなり得ない。しかし、団体が生き残るための資金は、確保していかなければならない。私たちの努力はまだ十分とは言えず、もっと講読料や広告料に依拠できるよう努力が必要だ。

――財団から得ている50万ドルの寄付は、プロジェクトごとの寄付になるのか。それとも、使途を限定されない包括的なものになるのか。

ほとんどが包括的なものだが、プロジェクトごとの方が寄付を得やすいとは思う。今、予定しているプロジェクトに、「黒人少年アチーブメント」というものがある。それに対して、ある財団から寄付が得られそうな状況だ。

——具体的にどんなプロジェクトなのか。

どんな資料を読んでも、アフリカ系米国人の青少年は、高校退学者や受刑者、失業者の多くを占めている。問題は、なぜかということだ。彼らは生まれながらにして駄目だからなのか？　それとも、何かしらの差別が働いているのか。

例えば、こういう話がある。麻薬に汚染されているのは、都市よりも郊外だという指摘があるが、逮捕されるのは都市の黒人の若者だ。都市には警察官があふれている。

仮に、郊外に住む裕福な白人の子どもが、自宅で麻薬をやっていても誰も分からない。一方で、黒人の子どもが街で麻薬を買えば、警察官にすぐ捕まるだろう。その結果として、「黒人の子どもが犯罪に走る」というイメージが生み出されているとも考えられる。その実態を調査報道したいというのが、私たちのプロジェクトだ。

米国では、誰もが平等な機会を与えられている。しかし、黒人の子どもが都市で生活し、高校を退学して麻薬に手を出した瞬間に、それで人生のすべてが終わってしまう。刑務所に行き、仕事に就くチャンスはなくなるだろう。

——彼ら自身も自分たちを駄目な人間だと思ってしまう、ということか。

まさにそのとおりで、思い込まされてしまう。多くの学校で、黒人の子どもは特別な授業を受けさせられている。それによって先生は、他の子どものように授業を教える必要がなくなる。制度的な差別(Institutional Discrimination)が行われているのだ。私たちは、その現状を調査したいと考えている。

——そうしたプロジェクトは、誰が考えるのか。

私たちは、ミーティングを毎日のように行っている。私が最初にYTに来たとき、青少年の問題に関心はあったが、知識はなかった。そのため、関連する本を多く読んだ。アイデアは、そうした中で思いついていった。

低所得者の家庭における青少年問題というのは、これまでも多くの人が、多くの資金、多くの時間を費やして調査してきていると思う。しかし、状況は改善されていない。困難な仕事であることは間違いないと思っている。

――青少年の問題に焦点を絞っているメディアは他にないのか。

ないようだ。カリフォルニアでは特に関心が高いようだが、彼らは私たちのニュースを読んでいる。他にも、潜在的な読者はもっといると思う。なぜなら、この問題はさらに広がっているからだ。

――米国以外でも深刻な問題だと思う。

ウェブサイトには、外国からのアクセスも多くある。外国のことを報じているわけではないのに、外国からのアクセスが多数あるというのはすごいことだ。外国でも、同じ問題を抱えているのだろう。

私たちは意味のある仕事をしていると確信しているが、それを持続するのは大変なことだ。最適なモデルを探す必要があるが、それは簡単なことではない。取材対象によって、その最適なモデルが違うのかもしれない。

非営利報道でも、広告収入の占める割合は大きくなっていくだろう。私たちのような問題を報じるウェブサイトの広告には、何がフィットするのか。それも考えないといけない。今、私たちのサイトには、家具の広告も出ている。それはちょっと違和感があるかもしれない。

財団から寄付を得ることは、楽なことではない。例えば、ゲイツ財団（Bill & Melinda Gates Foundation）は私たちに25万ドルを3年間にわたって寄付してくれているが、今年が最後になる。今後はこの寄付がなくなるため、同じ予算でできるかどうかは分からない。他にも、青少年問題に関心を持っている財団はある。他の財団、例えばニューヨーク・カーネギー財団などに寄付の話をしている。こうしたことを考えると、非営利報道はやはり脆弱《ぜいじゃく》だ。

財団からの寄付は、予定どおりに出ないという問題もある。寄付が決まったとしても、実際には財団からお金がなかなか出ないこともある。例えば、去年の12月に決まった寄付が、今も出ていない。非営利の世界では、珍しいことではない。こちらから電話をかけて問い合わせても、「まだ手続き中だ」と言われる。その手続きが4カ月くらいになることもある。財団は常に支援してくれるわけではない。事実、ゲイツ財団からの25万ドルは、もうこれからはないのだ。

――ゲイツ財団の判断は何だったのか。

他のことに使いたいということだろう。寄付は、多いときもあれば少ないときもある。不景気の影響もある。不景気のときにゲイツ財団が支援してくれなければ、私たちは立ち行かなくなっていただろう。

CPIやプロパブリカの給与の高さは異常だと思える。YTの記者の給与は、6万ドルとか4万ドルだ。彼らは桁が違う。プロパブリカの代表ポール・スタイガーの給与は約60万ドルだが、そんなことをして組織がいつまでも持つのだろうか?

非営利報道を維持しようと思ったら、集めた資金の多くを残す努力が必要だ。高額な給与を払うのは、正しいことだとは思えない。お金は常に集まるわけではないからだ。

――私の調べでは、プロパブリカのポール・スタイガーが57万ドル、CPIのビル・ビューゼ

ンバーグ（Bill Buzenberg）は20万ドルの給与だった。

ビューゼンバーグはまだましかもしれない。私は、将来のためにお金を貯める必要があると考えている。だから、可能な限りコストダウンをして運営をする必要がある。非営利報道は金もうけの手段ではないからだ。

――一方で、チャールズ・ルイスは、「職場環境がよくないと良質な報道はできない」としている。だから、可能な限り高い給与を支払うべきだ、と考えているようだ。彼の言うことにも一理あると思うが。

ジャーナリストの給与は、本来は高額なものではなかったはずだ。私が１９６０年代に、ピッツバーグプレスという新聞社で記者を始めたときの給与は、週に１１５ドルだった。ジャーナリストが高給を取るのが当然のようになったのは、最近のことだ。確かに、ロサンゼルス・タイムズ紙のときの給与はかなり高額だったと言える。ある時期、新聞が利益を生むビジネスになったからだ。しかし、今はそうではない。

私がＹＴをやっているのは、この種の報道、つまり〝女の子のニュース〟として扱われる健康や青少年、教育の問題に関する報道が、米国でもっと多く発信されることを望んでいるからだ。そのためには、この非営利報道しかないと感じている。

――非営利報道の記者の給与は、どうやって決められるべきなのか。

それは分からない。例えば、ポール・スタイガーは、ロサンゼルス・タイムズ紙の経済担当の編集者を経て、ウォール・ストリート・ジャーナル紙の編集局長になった。どちらでもかなりの給与を得ていたはずだ。それに、私よりも年上だ。これ以上、彼はお金が必要なのだろうか？　そんなビジネスモデルが続くとは思えず、ちょっと浅ましいといった印象を受ける。チャールズ・ルイスは「それはＯＫだ」と？

――ルイスは、ＩＲＷの代表として8万ドルの給与を得ている。他に、大学から教授としての給与があるはずだ。

それくらいが合理的な給与だろう。しかし、60万ドル近い給与が妥当だとは思えない。確かにある時期、特にワシントンＤＣでは、ジャーナリストは高給取りだった。そして、多くのジャーナリストが雇われていた。

しかし今はそうではない。ここが重要だが、なぜ、私が優れたフリーランスの記者と契約できるのか。この国では、50代、60代の優秀な記者が会社を追われているからだ。彼らは極めて優秀で、そして職に飢えている。本当に安い契約料で、彼らは仕事を引き受けてくれる。

――仮にすべてがうまくいったとして、ＹＴはＣＰＩのような規模を目指すのか。

それはないだろう。私たちはこの問題が注目される必要があると考えているが、やはり大きなニュースとして扱われるのはまれなことだ。

主要メディアは、政治や事件、そしてセレブの話題を取り上げ、それで生きている。私たちはそうではない。議会で議員が「教育が大事だ」と叫び、その議会で教育の予算が削減されても、主要メディアはそれを淡々と流すだけだ。それでよいのかということだ。

――財団からの支援についてもう少し聞きたい。ゲイツ財団にとっては、25万ドルはさほど大

きな金額ではないと思う。それでも駄目なときは駄目なのか。

そこははっきりしている。3年と区切られているからだ。それに、私たちはジャーナリズムを支援する財団からは、支援されていない。例えば、ナイト財団などからは寄付は得ていない。私たちは、青少年問題に関心のある財団から、支援を受けている。

フリッツへのインタビューは、1時間余りにわたった。明確な彼女の言葉から、非営利報道が置かれている甘くない現実と、それにもかかわらず、社会にとって重要な役割を担っているという、当事者の自負が語られていると思う。

長いインタビューを掲載したのは、後述する日本について考える際に、最も参考になると思われるからだ。彼女は決してYTの活動に満足しているわけではないようだったが、日本ではYTと同じ規模で活動できれば、かなり成功したケースと言えるだろう。

非営利報道の周辺に存在するその他の団体

「政治と金」を調査するCRPの活動

報道機関という形態ではないものの、非営利報道的な活動をし、非営利報道に近い位置で活動しているものがある。そのうち、センター・フォー・レスポンシブ・ポリティクス(Center for Responsive Politics：CRP)は、ルイスがその存在を高く評価し、自ら理事を務めている団体だ。

CRPは、1983年に民主党の上院議員だったフランク・チャーチ(Frank Church)が、政治と金の透明性を確保する目的で設立した非営利団体だ。当初は、連邦選挙委員会(Federal Election Commission：FEC)から得た議員の政治資金に関するデータを本にまとめて発表していた。現在では、自前のウェブサイトで調査結果を公表しており、誰でもアクセスして情報を入手できるようになっている。報道機関ではなく、また自らを報道機関として位置付けてもいないが、常勤スタッフには、アナリストの他に記事を執筆する記者がおり、2013年時点で22人が在籍している。

代表のシェイラ・クルムホルツ（Sheila Krumholz）は、CRPでの活動が20年以上になるベテランのアナリストだ。彼女はジャーナリストではなく、ジャーナリストをサポートする立場だと自身を位置付けている。彼女の下には、記事をチェックするエディターのベッカ・ノバック（Viveca Novak）がいる。ノバックは、タイム誌とウォール・ストリート・ジャーナル紙で調査報道記者を務めたベテランのジャーナリストだ。

CRPの設立目的は、次の3点だという。

・政治資金がどのように人々の生活に影響を与えるかを伝える。
・公平な情報を提供することで、有権者の立場を強化する。
・透明性と責任を有した政府を育成する。

CRPの活動は、「オープンシークレッツ（Open Secrets）」という呼び名で知られる。これは、運営するウェブサイトの名称からくるもので、すべてのデータを"OpenSecrets.org"

というウェブサイトで公表している。

その具体的な活動は、設立趣旨の中に「連邦議会選挙の資金、ロビイストのデータ、そしてそれらに関する分析」と記されている。また、設立趣旨には、「我々のデータは、メディアやさまざまな団体が政治と金を追うことを手助けする」と書かれている。

社会全体に選挙資金の情報を提供

代表のクルムホルツに、その活動について聞いた(10)。

——団体は、具体的にどんな活動をしているのか。

私たちは、連邦政府レベルの政治に関わる利益グループについて、政治と金の関連に関する資料を収集し、それを社会に公表している。具体的には、選挙資金やロビイング、政府の高官がロビイストになったりする、いわゆる「回転ドア」の問題などを明らかにする取り組みをしている。

また、私たちが「ダークマネー(Dark Money)」と呼ぶ、これまで把握されてこなかった非営利組織を通じた新たな政治資金の流れなども明らかにしようとしている。そのために私たちは、内国歳入庁が非営利組織に提出を義務付ける報告書「Form 990」を入手して金の流れと出を分析し、その組織と政治との関連を洗っている。

これをダークマネーと呼ぶ理由は、候補者が関与しない形で政治資金を集めるPAC（Political Action Committee）と異なり、FECが報告義務とする選挙資金の範囲に入らないからだ。

これをよく見ていくと、複数の団体が連携をしていたり、複数の団体がスタッフを共有していたり、あるいはスタッフがもともと特定の候補のスタッフだったりと、巨大な金が誰からか分からないような形で、政治の世界に入りつつあるということが見えてくる。それは違法ではないかもしれないが、そうした捕捉できない金が選挙の結果を左右するというのは健全なことではない。有権者は、そうした実態を知る権利がある。

有権者は、候補者がどのような立場にあり、どういう組織に支えられているのかを知る必要がある。それが今、非常に分かりにくくなっているため、これを明らかにすることが重要だと考えている。

ただし、私たちは集めた情報を基に何かを判断するということはしない。大事なのは、私たちが集めた情報を社会に知らせることだ。私たちは、「これがデータです。どうぞ見てください。ここまでが私たちの知り得た情報です。この部分はまだ分かりません」と社会に提供するが、それを基に判断するのは有権者だ。

政治評論家の中には、「政治には金は必要だ。それがウォールストリートの金融街から来ようが、それが何だと言うんだ？　金持ちが政治に金を出すのは別に自然なことだ」と言う人もいる。しかし、政治が一部の金持ちのマネーゲーム（rich men's money game）になっているというのも事実だ。

私たちは、単に政治に流れるお金の量を問題にしているわけではない。その金の流れ方に、重要な結果が生じることを懸念している。

最近の選挙で使われる選挙資金の総額は68億ドルほどだ。ということは、下院での選挙には150万ドル、上院では1000万ドルが必要になる計算だ。これはつまり、一般の人が選挙に出るということは、ほぼ不可能であることを示している。どんなによい政策を持とうが、どんなに高い志と強い政治的な意志を持とうが、その人が100万ドル以上の資金を得る手だてがなければ、選挙で戦うことは実質的に不可能だと言える。だから、政治資金の流れを明確にするということは、極めて大事なことだと考えている。

私たちは、優秀な人材が公平に政治の世界に進むシステムを持っているのか？　答えはＮＯだ。なぜなら、それは一部のエリートによってつくられたシステムだからだ。政治への道はますます狭くなっており、今後さらに狭くなることが懸念される。

――団体をどう位置付けているのか。

私たちは、政治と金の関係について、社会にバイアスのかからない情報を提供する非営利団体だ。それによって、政治の透明性と責任ある政治の実現を目指している。

その対象は社会全体だが、設立当初からの25年間は、私たちの発表の対象は新聞やテレビといった主要メディアだった。なぜなら私たちは、ワシントンＤＣに事務所を一つ構えるだけの小さな団体だからだ。

それに私たちが提供している選挙資金の情報は、何か大きな政治スキャンダルなどが起こらない限り、多くの一般の人にとってはあまり関心の高いテーマではない。

一方で、主要メディアの記者にとっては必要な情報となる。だから私たちは、政治と金についての一種の百科事典をつくろうと考えてきた。同時に、記者たちにその使い方を教えるという取り組みも行ってきた。そのために、『フォロー・ザ・マネー・ハンドブック（*Follow The Money, A Handbook*）』という本も出版している。

この本では、私たちが連邦レベルで行っていることをすべて紹介しており、各地の記者がその手法をまねて、それぞれの州や市のレベルで実践できるようにしている。

80年代には、コンピューターを駆使した取材（Computer Assisted Reporting：CAR）が活発になってきたこともあり、私たちの狙いは浸透していった。私たちは、確実な情報を提供することで信頼を確立し、同時に政治から中立であることを証明してきた。その結果として、幸か不幸か、多くの記者はそれをまねて実践するのではなく、私たちの情報を利用するようになったのだ。

一方で、私たちは連邦レベルでの情報収集しかしていないので、州レベルで同様の活動をする非営利団体を育てる取り組みもしている。最も成功している例は、ＮＩＭＳＰ（National Institute on Money in State Politics）で、私たちが連邦レベルで行っていることと同じ、信用性の高い州レベルの情報を全米の50州について提供している。また、The Virginia Public Access Projectも、バージニア州について質の高い情報を提供している。

私たちはユニークな存在ではあるが、同じようなことに取り組む団体は増えてきている。ニューヨーク・タイムズ紙など一部のメディアでは、直接、連邦選挙委員会から情報を得て記事化しているところもある。しかし、私たちのように全般的な情報を集めてデータベース化するということはしていない。

——80年代は主要メディアに情報を提供していたということだったが、今は変わっているのか。

今は、一般の人が私たちのウェブサイトに直接アクセスしてくる。特に、ソーシャルメディアを通じたアクセスが増えている。保守系、リベラル系を問わず、さまざまな人たちが、ソーシャルメディアを通じて私たちが出す情報をフォローしている。

それは、多くの人が今のシステムがうまく機能していないと感じていることの裏返しなのではないかとも思っている。私たちのゴールは、そうした利用者がデータにアクセスするだけではなく、システムの透明性に関心を持って動いてくれるようになることだ。透明性は、常に危険にさらされている。

――作業の中で最も困難な点は？

私はこの団体に長くいるが、仕事の核はいつも同じで、基本的な作業が重要となる。１９８３年に活動を始めたときは、まだ資金力がなく、活動も小さなものだった。それでも政治資金の流れについて伝えてきた。

90年代に入り、ＦＥＣからデータをダウンロードできるようになっても、そのデータの間違いや事実関係の確認などの作業は必要だった。そのため、ジャーナリストや研究者から話を聞くことも大事にしていた。

情報を単に集めて発表しているわけではなく、情報を精査・整理し、説明し、そして維持する。それはいつでも大変な作業だ。私たちの団体がやっていることは、完璧ではないかもしれない。近年は情報が複雑になってきており、グラフィックスで分かりやすくする必要もある。多くの人にとって、私たちが政治と金に関する重要な情報源になっていることとは間違いないと思う。

80年代、90年代はＦＥＣからデータのフィルムを購入していた。その後、無料でダウンロードできるようになって20年がたった。フィルムを購入していたころのデータもダウンロードできるようになったが、その情報とフィルムの内容が同じというわけではない。一部の情報が欠けていることもある。それも確認しながらデータを整理する。

スタッフは常にデータをチェックし、その維持に努めている。データ収集から収集したデータの共有と見直しなど、ものすごい量のステップを経なければならないのだ。

政治資金の専門家が集まるＮＩＭＳＰの会議

クルムホルツがインタビューの中で触れている、ＮＩＭＳＰについても記さねばならない。米国の田舎の代表とも言えるモンタナ州で活動する非営利報道で、ウェブサイト"FollowTheMoney.org"を主宰している。

最近では、首都ワシントンＤＣに拠点を置くクルムホルツのＣＲＰと同等かそれ以上の存在感を示している。

このＮＩＭＳＰは年に一度、モンタナ州の牧場にある施設で、政治資金に関する会議を開いている。筆者は、2017年6月に開催された会議に参加したが、驚くことばかりだった。

集まった参加者は、政治資金に関わる専門家50人。研究者や市民グループの代表、ジャーナリスト、自治体関係者などさまざまだ。ただ、それだけでは驚くには値しない。筆者が驚かされたのは、いわゆる〝当局〟の人間も参加していたことだ。

会議では、モンタナ州の司法長官事務所の司法長官補がパネリストとして登場した。州の司法長官は、州警察の関係する刑事事件の訴訟を担当する他、州政府が訴えられたときの弁護も行う。

司法長官補は、通常の業務でNIMSPのデータを利用しているとして、次のようなケースについて説明した。

「1994年に、寄付の上限が不当に低すぎるという訴えが議員から起こされた。我々は上限を上げる必要はないとして、訴えを棄却するよう求めた。一審の連邦地裁では敗訴したが、上級審ではNIMSPのデータを使って各州の上限を示すとともに、過去にさかのぼってモンタナ州で各候補が使用した政治資金のデータをまとめた。これらを根拠に、上限を上げる必要はないと主張し、控訴審で勝訴した」

この後、また地裁で敗訴し、再び控訴審で審理が始まっているという。後でこの司法長官補から話を聞くと、NIMSPのデータを使って、政治資金の動向を常に把握するよう努めているということだった。

また議論は、政治資金をどう監視するかという点だけでなく、政治資金に関わるさまざまな問題に及んだ。スタンフォード大学ロースクールの教授、ネイト・パーシリー（Nate Persily）は、テレビにコマーシャルを出すようになって、政治資金は急激に金額が増えた点を指摘した。一方で、今はそれが変わりつつあるという。グーグル（Google）やフェイスブック（Facebook）がテレビに取って代わり始めているからだ。

それらソーシャルメディアは、細分化された層に対する働きかけが可能であることが、テレビとは異なる点だと指摘した。

「テレビはその内容も含めて、さまざまな規制を受けてきた。しかし、ソーシャルメディアは規制の対象となっていない。FECで規制する動きが出たが、そうはならなかった。しかし、現在のような無秩序な状況では、遅かれ早かれ大きな問題になるだろう。また、テレビがそうだったように、ソーシャルメディアに巨額の政治資金が投入される状況も生まれることが予想できる。そうなるともう、手が付けられない」

パーシリーは、政府の規制ではなく、ソーシャルメディア側の自主的な取り組みに期待したいと話を結んだ。

司法長官補が出て来て驚いたと書いたが、さらに驚いたのは元議員が登壇したことだった。〝元〟とは言っても、つい最近まで現職だった人で、２００８年から２０１７年まで下院議員を務めた民主党のドナ・エドワーズ（Donna Edwards）だ。58歳という年齢よりも、かなり若く見える女性政治家だった。

「ここに集まる皆さんは、議員は金で汚染されているというイメージを語るが、私の印象とは違う。政策はそう簡単に決まるものではない。ただ……」

そう言って、一つのエピソードを語った。

「私は経済委員会に所属していたが、気候変動について議論した際に、当初は共和党の議員も含めて気候変動の問題に対処する必要性を積極的に語っていた。ところがその後、さまざまなロビー活動によって、私が議員を辞めるときには、皆がすっかり気候変動に懐疑的になっていた。

これは、単純に金がそうさせたということではなく、ロビー活動で気候変動に否定的な産業界の専門家が説明に来るので、そうなってしまったのだと思う」

つまり、政治資金は政治家に直接流れるというよりも、それがロビー活動に流れ、政策に影響を与えるケースが多いという。実は、これも米国の大きな問題となっていて、ロビイストに流れる政治資金の監視も大きなテーマとなっている。

エドワーズは、2016年のトランプ大統領が当選した際の選挙で、上院にくら替えする予定だった。そのために下院議員を辞職したのだが、プライマリー(primary)と呼ばれる民主党の上院候補選びの予備選挙で負けてしまう。そのときの資金集めの苦労話は有名らしく、そこに質問が集中した。

エドワーズは、冷静に次のように話した。

「一人100ドル、合計6000万ドル集めれば楽に勝てるし、それが理想だ。しかし現実にはそうはいかない。私は努力したが、大企業に頼らない選挙では、1000万ドルが精いっぱいだった。対抗馬は2000万ドルを集めていた」

「今後はどうするのか？」と問われると、「私が求めるのは、公共のための仕事だ。これからも挑戦していく」と淡々と話した。

しかし、筆者の驚きはここで終わらなかった。発言者の中に、アン・ラベル（Ann Ravel）がいたからだ。彼女は、会議直前の２０１７年3月までFECに在籍し、２０１５年には委員長を務めていた人物だ。司法長官事務所の人間が出て来た上に、元議員が出て来て驚いたが、さらに選挙の元締めとも言えるFECの元委員長が出席していたのには、驚くとともに感動を覚えずにはいられなかった。

モンタナ州を拠点に活動

主催したNIMSP代表のエドウィン・ベンダー（Edwin Bender）は、団体について説明してくれた。

NIMSPの設立は１９９９年。地方紙の新聞記者から入ったベンダーは、ジャーナリストではなくデータ収集に専念して活動していたが、２００８年から代表を務めている。

「自分をジャーナリストと呼ぶことはないが、ジャーナリストを支援するという役割という意味では、志を共有している」

ベンダーによると、この1年間でNIMSPの政治資金データを全米の1190人の研究者が利用し、アクセスは1億8000万件に上ったという。このうち、678人のジャーナリストが2400万件のデータを利用し、3200の新聞・放送などの報道に引用した。データの利用頻度は、年々高まっているとのことだった。

会合の後、牧場から車で3時間ほど行った州都ヘレナの事務所に場所を移し、団体の活動を見せてもらった。典型的な米国の田舎町にある2階建てのオフィスビルで、建物全体をNIMSPが使っていた。

広々とした明るいスペースでは、5人ほどの女性スタッフが主にパソコンに向かっている。その作業は、新たに入手した政治資金のデータを入力するというものだ。彼女たちの多くは地元の主婦だという。5、6年の経験を持つベテランばかりで、許可されれば自宅でも作業ができる。

他に、彼女たちの作業をチェックするリーダーが数人いたが、全員女性だった。もともとは入力作業を行っていた人たちで、10年ほど続けて認められると、リーダーとしてチェックする役割を務めるようになる。

オフィスの2階では、比較的若い男女が作業をしていた。彼らの多くはアナリストで、データを分析して報告書を書いている。政治家の資金集めに問題があれば、その報告書に記載し、ウェブサイトで発信する。

また、システム開発の部屋には、地元の州立モンタナ大学で電子工学を学ぶ博士課程の学生らが作業をしていた。データを提供する側、またデータを利用する側にとっても優しいシステムの開発を続けているという。

政治資金のデータを集めて発信

代表のベンダーに話を聞いた。

――会合の参加者に、政治家や司法長官補、FECの委員長経験者までいたのには驚いた。彼らに集まってもらうのは大変だったのではないか。

そこまで大変ではなかった。皆、立場は違うが、政治と金の透明性に関心を持っているプロフェッショナルだからだ。彼らも新しい知識を得たいし、その知識を共有したいという意識は強い。

——共有する意識は素晴らしいとは思うが、FECの委員長を務めた経験のある人物が参加していたのには驚いた。

委員長の考え方にもよるのかもしれない。彼女は政治と金の問題に厳格であろうとした委員長だ。残念ながら、そういう人物が委員長になるとは限らない。それが米国の現状だろう。正直に言えば、共和党の大統領に任命された委員長は、そこまで積極的に透明性の確保に尽力するという感じではないようだ。

——失礼ながら、政治資金のデータを集めて発信する団体が、モンタナにあるということにも驚いた。

皆、最初は驚くようだ。ジャーナリストの会合や政治資金の会合が開かれると、「え？モンタナで？　なぜワシントンDCじゃないんだ？」とよく言われる。でも、我々が成功したのは、モンタナだったからだと考えている。

――モンタナだから成功した理由とは？

ＦＥＣのデータは、オンラインで入手可能になっている。だから、ワシントンＤＣにいなければならない理由はない。各州すべてがオンライン化されているわけではないが、オンライン化されていない州の選挙委員会についても、資料を郵送してもらうことは可能だ。

それと、見てもらえれば分かるが、データ入力の多くの部分を地元の主婦にお願いしている。その給与は、モンタナのレベルで考えると高い金額だ。だから彼女たちも真剣に取り組んでくれるし、その責任も理解している。彼女たちは、長い期間データ入力を担ってくれ、希望すれば入力をチェックするリーダーに昇進することもできる。

――入力を担当する人の給与は、どのように決まっているのか。

入力量と時間、それに正確さを勘案して決めている。リーダーがチェックして査定し、私が決めている。

それから、システム開発について言えば、地元の州立モンタナ大学の博士課程で電子工学を学ぶ学生たち、つまりITの最先端にいる人材を雇えるのも強みだ。ニューヨークやカリフォルニアでは、我々のような非営利団体に、そうした優秀な人材は集まらないだろう。そういう意味では、田舎のモンタナだからこそ、人材に恵まれるという面はある。経費にしても、全般的に都会よりは安価だ。この広いオフィスをワシントンDCで借りるとしたら、それだけで我々の経費の半分は消えてしまうだろう。それは絶対にできないことだ。

NIMSPやCRPのような取り組みは、日本でも参考にされている。第7章で後述するが、これらをモデルとし、日本でも新たな取り組みが始まっている。

【注釈】

（1） http://investigativereportingworkshop.org/ilab/story/ecosystem/

(2) 2011年5月14日、ルイス宅での筆者によるインタビュー。
(3) 2010年11月23日、プロパブリカでの筆者によるインタビュー。
(4) 同(3)。
(5) 同(3)。
(6) 同(3)。
(7) 5th Annual Reva and Dacid Logan Investigative Reporting Symposium 2011年4月7日〜9日に開催。
(8) 2011年2月18日、フリッツのオフィスでの筆者によるインタビュー。
(9) 同(8)。
(10) 2013年10月23日、CRP事務所での筆者によるインタビュー。

第5章

非営利報道を支える米国社会の仕組み

チャールズ・ルイス（Charles Lewis）がつくった非営利報道が米国に根付いた背景には、米国の社会制度があることは言うまでもない。一つは寄付社会であり、もう一つはジャーナリストを教育するシステムの存在だ。

非営利報道を支える寄付制度

「501C3」による免税措置

まず、寄付社会がどのような形で非営利報道を支えているのかを見てみたい。当然ながら、非営利報道を設立するには、報道を行うための非営利団体を設立する必要がある。では、米国で非営利団体をつくる仕組みとは、どういうものなのだろうか。

非営利団体の認定を行うのは、団体が本拠を置く州政府である。州の州務長官室（Secretary of State）か法務長官室（Attorney General）の手続きを経た上で、日本の国税庁に相当する内国歳入庁（Internal Revenue Service：IRS）の免税措置を受ける必要がある(1)。

その免税規定は、内国歳入法の501条C項3号に記載されていることから、非営利団体関係者の間で「ファイブオーワン・シースリー（501C3）」と呼ばれている。この規定に該当すれば、その団体の連邦税および自治体税（州税、市税など）が免税されるのはもちろんのこと、その団体に寄付をした者も同様に免税措置を受けられる。

米国で非営利報道の活動をしているところは、すべてこの免税措置を得て、活動を行っている。この501C3の規定には、以下のように記されている(2)。

免税措置を受けるためには、501C3に規定された免税理由に該当する必要がある。そして、収入は一切が株主や個人のために利用されてはならない。また、団体は運動団体であってはならない。例えば、行政に働きかけを行うことを目的としていたり、政治家を支援したり、あるいは攻撃したりするキャンペーンに参加してはならない。

基本的には、慈善団体を対象としている。その団体は民間の利益のために活動するものであってはならない。団体の総収入は、株主や個人の利益になってはならない。もし団体が、その団体に影響力を持つ個人に余剰利益の転換を行う場合は、その人物とその転換に合意した団体の幹部は課税される。

免税措置を継続するために、当該団体には相応の透明性が求められ、年間の決算について、その詳細の公表が義務付けられる(3)。また、年間10万ドル以上の報酬を得る役職員については、氏名と金額を明示することが求められている。

米国社会の寄付の種類

非営利団体への支援について調査する米国のシンクタンク"Foundation Center"(以後、「財団センター」と訳す)によると、米国でさまざまな形で行われている寄付は、年間で3000億ドルにも上る(4)。1ドル=100円で換算すると、日本円で30兆円となる(5)。日本の年間の国税収入の総額は約50兆円だから、その規模の大きさがうかがえる。

財団センターの資料でその内容を細かく見てみると、2007年に米国で行われた寄付の総額は3037億5000万ドルとなっている。そのうち、75%が個人からの寄付、13%が財団からの寄付、遺産が8%、企業による寄付が4%となっている(6)。こうした寄付のうち、ルイスら非営利報道を主宰する人々が頼りにするのが10％余りを占める財団からの寄付だ。

70％余りを占める個人の寄付は、個々の寄付額が少額のため、寄付を集めるための費用対効果が合わないためだ。一方で、企業の寄付は、製薬会社が研究機関に出すといったケースのように商業的な色彩が強く、直接企業に利益をもたらすものが主となる。そのため、非営利団体が求める寄付とは異なるのだ。

財団による年間の寄付の総額は３００億ドルで、日本円で約3兆円となる。この3兆円の一部が、非営利報道を支えている。

次に、具体的にどのような財団が多額の寄付を行っているのかを２０１７年の数値で見ていきたい。寄付額の多い上位10財団を見ると、表2のようになる(7)。

2位のBill & Melinda Gates Foundationとは、マイクロソフトのビル・ゲイツが夫人とつくった財団で、第4章で紹介したユース・トゥデイ（Youth Today：YT）が寄付を得ていたところだ。この財団は長く寄付額のトップを独走していたが、2位になったのはそれに並ぶ財団が出てきたということだ。ちなみに、ゲイツ財団の総資産は４１３億ドル以上と他

【表2】寄付額の多い上位10財団

財団名	寄付額
Fidelity Charitable Gift Fund	46億ドル
Bill & Melinda Gates Foundation	42億8000万ドル
Global Health Solutions, Inc.	31億2000万ドル
Halliburton Company Contributions Program	26億1000万ドル
Feeding America	23億3000万ドル
The Abbvie Patient Assistance Foundation	17億2000万ドル
Silicon Valley Community Foundation	12億8000万ドル
Schwab Charitable Fund	11億7000万ドル
Microsoft Corporation Contributions Program	10億5000万ドル
Food for the Poor, Inc.	9億ドル

の財団を圧倒している。この総資産額が寄付額に大きく影響することは後述したい。

上位10財団の寄付額の合計は約230億ドル、日本円で2兆円を超えている。全米の寄付の総額が増えたとの報告は目にしないため、前述の寄付全体の内訳の中で、財団による寄付額の占める割合が大きくなっていると考えられる。

実は正直なところ、上位10財団のうち9財団が10億ドルを超える寄付をしていることに驚かされた。数年前には、ゲイツ財団こそ10億ドルを超える寄付をしていたものの、他の多くの財団の寄付額は数億ドル規模だった。

上位50財団まで見ると、日本でも知られた名称を探すことができる。17位は、生活用品のジョ

【表3】メディア関係への寄付財団

財団名	寄付額
Ford Foundation	5億2640万ドル
Broadcasting Board of Governors	3億4913万ドル
John S. and James L. Knight Foundation	1億1633万ドル
The Brin Wojcicki Foundation	5051万ドル
Public Interest Registry	2973万ドル
The Stanton Foundation	2530万ドル
Wikimedia Foundation, Inc.	1142万ドル
Phoebe Snow Foundation	979万ドル
Craigslist Charitable Fund	931万ドル
The Popplestone Foundation	754万ドル

ンソン・エンド・ジョンソンがつくったJohnson & Johnson Patient Assistance Foundation, Inc.で、寄付額は約6億6000万ドルだ。後述する自動車のフォードがつくったFord Foundationは約5億2000万ドルで27位、コーンフレークのケロッグがつくったW. K. Kellogg Foundationは約3億2000万ドルで49位となっている。

米国に〝財団〟と称するものがどれだけあるのかは明確ではない。財団センターの調査対象は約9万となっているが、それもすべてを網羅しているわけではないという。財団は次から次へと生まれ、それと同時に活動を休止する財団も少なくないからだ。

財団の数はおおむね9万前後で推移している

状況のようだが、当然、そのすべてが巨額な寄付を行っているわけではない。日本円で年間100億円を超えるような寄付ができる財団は、全体から見れば一握りとなる。ほとんどが一度に数千ドル、日本円で数十万円程度の寄付を行う財団なのだという。

メディアへの寄付財団と寄付額

財団センターのまとめた2017年の資料によると、メディア関係に寄付をしている財団は表3のようになっている(8)。寄付の先には、非営利報道も含まれている。上位10財団の寄付額の合計は約11億ドルと、全体の寄付額から比べればあまり大きな金額ではない。

しかし財団センターによると、メディア関係への寄付は年々増える傾向にあるという。これは新聞の倒産やテレビニュースの縮小に対する危機感が広く共有されてきているからで、財団側にメディアを支援しようという意識が働いているからなのだという。

一方で、メディアに関心を持つ財団と、そうでない財団とで明確に線引きができる。例えば42億ドルを超える寄付を行っているゲイツ財団だが、メディア関係についてはあまり寄付をしていないことが分かる。少なくとも2017年の寄付の実績では、上位50位以内には入っていない。財団センターによると、それぞれの財団によって寄付をする際の重点項目が異なるとのことだった。

フィランソロピーに基づく寄付社会の形成

巨大資本家を起源とする財団

2001年から2005年まで米国に滞在し、米国社会を調査したフランス人ジャーナリストのフレデリック・マルテル（Frédéric Martel）は、こうした米国の寄付について研究し、著書に次のように記している(9)。

要するに、アメリカに文化省はあり得ない。政府の中央集権的な文化政策が失敗を繰り返した結果、芸術界には、公式の代弁者もおらず、直接の助成もなくなったのだ。だからと言って芸術は、市場や退屈している資本家の不合理な気まぐれに委ねられたままでよい、というのだろうか？　アンドリュー・カーネギーからはじまりフォード財団にいたるまでの間に、アメリカでは独特の資金調達システムが機能するようになり、そのシステムは専門職化し、合理性を追求していった。その過程で、裕福な個人やエリートのクラブはそれぞれ組織へと変貌し、フィランソロピーは政策へと進化して、本当の文化的活動を生み出す。結局、スケールの大きいこのシステムを支えるのは、効果的な税制、何千という財団、ある特別な法人格をもつ組織、何百という大学やコミュニティなのであり、これらすべてが真の文化社会に生命力を与え続けている。

マルテルの指摘する文化の中に、非営利報道も含まれると解釈してよいだろう。なぜ米国社会にこうした財団が成立し、それが非営利団体の活動を支えるようになったのだろうか？　米国をつくったのは清教徒だという認識から、「寄付はキリスト教の精神に基づいており、それは建国の精神そのものだからだ」と説明をする人は多い。マルテルもそれは否定してはいないが、それだけでもないと見ている。巨額な資金を寄付社会に流し続ける財団とは、どのように成立し、それによってどのように米国に巨大な寄付社会を生み出したのか。マルテルの著書と、筆者の調査から見てみたい。

米国社会において、財団はいつ始まったのか。定説は、1800年代後半に誕生した巨大資本家を起源とするものである。鉄鋼王アンドリュー・カーネギーや石油王ジョン・D・ロックフェラーの存在がそれで、カーネギーやロックフェラーはあり余る財産を前に、金持ちのままでは天国に行けず、何か人に施しをしなければいけないと考えたのだという。そして、慈善活動専門のアドバイザーを雇うなどして検討した結果、財団の設立を考える。

ロックフェラーは、1899年にシカゴ大学で行われたスピーチで、「財団を設立しよう。そして寄付を適切に、かつ効果的に行うために、それを専門に行う専従の担当者を置こう（Let us erect a foundation, a trust, and engage directors who will make it a life work to manage, with our personal co-operation, this business of benevolence properly and effectively.）」と述べて、財団の設立を提唱している⑽。

カーネギーが、ニューヨークにニューヨーク・カーネギー財団をつくったのが1911年。ロックフェラーが、ロックフェラー財団をつくったのは1913年のことだ。財団設立の趣旨は、いずれも寄付を受ける相手を公平な立場から選別するためとされている。

つまり、寄付を行う専門の組織をつくることで、最も効果的かつ効率的に社会のためになる寄付を行うことを目指したのだ。清教徒がつくり出した、米国の建国時からあったとされる博愛主義は、米国が生み出した強大な資本家により、さらに大きなシステムになったと考えられる。

カーネギーに始まる米国の寄付社会

マルテルは、特にカーネギーが米国寄付社会を形成するのに果たした役割を重く見ている。それによると、カーネギーは寄付について独自の思想を持ち、それが後の米国の寄付社会の思想的な土台をつくったという(11)。

一つは、富裕層がぜいたくな生活を送ることの否定であり、もう一つは、財産を子孫に移譲することの否定である。その一方で、富める者と貧しい者との格差を是正するために通常行われる課税徴収を否定した。

マルテルは、その著書の中で、カーネギーについて次のように述べている(12)。

この点でカーネギーはアメリカ・モデルそのものである。だから、彼は著書のなかでも、金持ちが自分自身のために散財する、あるいは子孫に残す、といったエゴイズムは賞賛に値しない、と説いている。（中略）解決策？　カーネギーにとって、それはフィランソロピーだった。具体的に言えば、高貴な目的のため、そして図書館や芸術のために、生存中に私財を投じること、そして万人の利益になるよう努力を惜しまず資産管理を続けることである。人間には「委託された」富についての義務と責任があるという思想は、禁欲的なプロテスタンティズムに深く根ざしている。（中略）富める者には「寄付をする義務」がある。カーネギーはこう言明する。そして、その寄付行為は、彼個人について言えば、若くしてアメリカに移民としてやって来た彼に、成功の機会を与えてくれた地域コミュニティに対してその恩を「返す」こと、借りたものを返却する方法でもあると言う。

さらにマルテルは、カーネギーの寄付についての考え方には、いくつかの原理があると指摘する(13)。

一つ目は、慈善とフィランソロピーを明確に区別している点だ。カーネギーは慈善について、援助を今すぐ必要とする人々に贈り物をばらまくことであり、受け取った人々の依存性を終わらせることはできない行為としている。一方、フィランソロピーは、「自立しようとする人々が利用できる、持続性のある制度を構築するもの」であるとしている。

二つ目の原理は、効果的な運営が不可欠であるということで、「カーネギーは、社会事業や文化事業の運営者としての国を信用しない。強い志もなく、無差別に支援するだけだと言う。彼の考えでは、国の役割や行動は、病人や障害者など、仕事ができない人々のためだけに限定されるべきなのだ。そのかわりに、財をなした者は、企業経営者としての運営能力がすでに証明されているわけだから、その経験を社会全体のために生かすことができるはずである」と述べている。

三つ目は、得た資金は生きている間に使い切るというものだ。これについてマルテルは、「プロテスタント特有の厳格な意味において、受け取ったものを『返す』という利点」だと説明している。

そして四つ目の原理は、支援の対象をよく選ぶ必要があるというものだ。マルテルは、この原理こそが、米国のフィランソロピーを育て、今もその精神的な支柱となっていると分析している。ちなみにマルテルによると、カーネギーは生前に3億5000万ドルの寄付を行っており、この金額は彼が稼ぎ出した資金の7割に当たるという。

一方でマルテルは、カーネギーだけでは米国の寄付社会は制度化されなかったと指摘する。

マルテルは、「フィランソロピーの起源は資本主義である。アンドリュー・カーネギーのケースで強調されたこの結びつきは、ロックフェラー一族の場合、一層はっきりと表れる」と述べ、カーネギーの示した原理をロックフェラーが具体化することで、米国に財団を中心とする寄付社会が形成されたと結論付けている(14)。

ロックフェラーによる財団の設立

事業の合間に、教会への寄付や大学設立などを支援していたロックフェラーが本格的なフィランソロピーに乗り出したのは1905年のことだ。第一秘書からの書簡で、支援活動をさらに発展させるよう提案されたのが契機になったという。

マルテルはこの第一秘書の名前には触れていないが、その内容については、「ロックフェラーの資産が寄付額よりも速いペースで増え続けていることでもあり、『人類の福祉のために』真のフィランソロピーを創出しようという提案」(15)だったと記している。

この提案がきっかけで、ロックフェラーは財団という仕組みの設立を想起する。しかし当時、財団を規定する法律は存在しなかった。そこで、ロックフェラーは議会に新たな法律の枠組みをつくるよう働きかけている。ロックフェラーの私的な財産を、財団に非課税で移譲する制度が必要だったからである。

そして1913年、ロックフェラーに財団の設立が認められる。初代の理事長には、息子のジョン・D・ロックフェラーJr.が就任する。これ以後、寄付を活発に行っていくこととなる。

しかしマルテルは、必ずしも財団の寄付に好意的な評価を与えているわけではない。その著書で、次のように指摘している(16)。

フィランソロピーは、実際、企業精神ときわめて近い。もちろん、フィランソロピーは企業とは異なり、公共の利益を目指すのだが、その方法論、組織の作り方、科学的な厳密さの希求において、両者はよく似ている。ロックフェラー・センターから、リンカーン・センターを通ってMoMAまでの一帯は、結局のところ未来永劫ロックフェラー一族の栄光を称える霊廟に他ならず、問題は、やはり常に支配することである。（中略）ロックフェラー一族は、「シニア」が石油業界を独占していたように、長らく文化をほぼ独占してきた。フィランソロピーのおかげでこの一族がより愛されることになったのだとしても、彼らは慈善的な事業においてすら「資本主義精神」に忠実だったのである。これこそが現代アメリカのフィランソロピーの特殊性なのだ――公共の利益のための寄付であっても、どこかに偽善性がつきまとう。

これは、財団に活動資金を事実上ゆだねる形となっている非営利報道の今後を見る上で、忘れてはならない視点だと言える。

ジャーナリズムへの寄付の実態

財団にとっての寄付のメリット

財団は、どのような手続きによって寄付を行うのだろうか。その実態を知りたいと思い、財団センターを取材した。

寄付を受けるための講習会で講師を務めるキム・パットン（Kim Patton）は、「非営利団体が寄付を得るのは容易ではないが、そうかといって困難なことではない」と話した(17)。パットンはその理由として、財団に課された義務を挙げた。それは、財団が税金を免除される前提として、毎年その財団の資産の5％以上の金額を慈善活動に対して寄付しなければならないというものだ。つまり財団側にも、ある一定程度の規模の寄付を行わなければならない理由が存在するのだ。

この5％の規定は、連邦議会で定められたものだという。

「寄付を受ける側では、財団にとって寄付は善意以外の何ものでもないと考えがちだが、それは違う。財団にとっても、寄付はメリットがある。

一つは、501C3の規定で必ず5%は慈善事業に拠出しなければならない。これが満たされなければ、財団の免税特権はなくなる。もう一つは、財団にとって、寄付で得られた成果は、自分たちの成果として発表できるという利点がある。それによって財団は、自分たちの活動の意義を宣伝できるのだ。

だから、寄付をする側と寄付を受ける側は対等なパートナーだと言える。『彼らはなぜ、小切手を切るのか』という質問の答えは、『それが彼らにとってメリットがあるから』ということ以外の何ものでもない」

この5%という比率を、さらに引き上げるべきとの議論もあるという(18)。また、「財団が非営利活動に寄付をするのは、一義的には税金が免除されるという理解でよいのか」との問いに、パットンは「それは間違いない。課税されるよりは、広く人々のために使ってもらった方がよいという考えだ」と語った。

しかし、税金も社会に還元されるのではないだろうか。これについては、「米国人は、自分のお金を自分の意志で使いたいという考えを持っている。だから、社会をよくするということであっても、自分の意志として行いたいと考える。特に連邦政府に対しては、皆が距離を持っているから」と答えた。

筆者は、どういう人が寄付集めを行うのかを知りたいと思い、パットンの講習会を受講した。7時間のコースで125ドルという、決して手頃とは言えない金額だったが、定員いっぱいの40人余りが参加していた。

年配の女性が多かったが、男性は私を入れて5人、また若い女性も4、5人いた。参加者の多くが既に非営利団体で活動しており、今後の資金集めのためのノウハウを得ようと参加したと話していた。

これまでは、個人からの小口の寄付や政府からの助成金によって運営してきたが、景気の低迷でそのどちらも資金が集まりにくくなっているようだった。その結果として、財団からの寄付を得るためのノウハウを身に付けようと、この講習会を受けたという。

講習会では、最初にいきなりテストが行われ、寄付集めの場で使われる語彙《ごい》をどのくらい知っているかという問いが出された。

実際に出されたのは、次のような単語だ。

Capital support / Challenge grant / Corporate giving program / Direct costs / Endowment / 501(C)3 / Form990-PF / General / Operating support / In-kind contribution / Overhead costs / Payout requirement / Private foundation / Program officer / Proposal / Public charity / Letter of inquiry / intent / RFP / Seed money / Technical Assistance / Trustee

パットンは、これらの言葉の意味を説明した後、受講者に次のように指示した。

「参加者すべてが、今、そして将来、財団から寄付を得ようと考えているのは分かる。では、今から頭を切り替えて、財団側の人間になってみてほしい。寄付を決定する側の人間として、どのような提案に対して寄付をするか議論してほしい」

そしてグループディスカッションが始まった。私のグループの参加者は、いずれも団体の代表や寄付担当を務める女性たちだった。

「過去の実績（track record）が大事では？」

「提案と団体との適合性（compatibility）はどうか」

「その団体の評判（reputation）も気になるところだ」

真剣な議論は、パットンが止めるまで続いた。ディスカッションの結果を全体で発表し合った後、財団での寄付決定のプロセスについての講義が続いた。パットンの講義によると、次のようなプロセスを経るという。

①提案の受理。
②面接――この段階で一次審査となり、最初の合否が決まる。
③合格した団体については、活動内容や財務内容などの審査が行われ、そこでまた合否が出る。
④合格した団体に財団から人が視察に来て実際の活動を確認する。
⑤④の視察で合格すれば、財団の理事会で寄付が決まる。

午後の講習会では、参加者は寄付を得る側に戻った。そして、実際にどのような提案書を書くのかという技術論に入った。

最後は、財団センターの持つデータベースを使って、実際に自分の提案に寄付をしてくれそうな団体を検索した。

このデータベースには、全米の約9万の財団についての情報が集まっている。地域や項目などについてキーワードを入力すると、どんな財団がどの非営利団体に、どのくらいの寄付をしたかを確認できる。それを参考にして、今後のアプローチを考えることになるとの説明で、講習会は終わった。

講習の後、パットンは参加者に向かってこう語った。

「お金を無心するといった発想はやめてほしい。財団は、自分たちの資金力を有効に使うためにあなた方を必要としている。お互いが、社会をよりよくするためのパートナーであることを忘れないでほしい」

パットンの指摘は印象深いものだったが、それは果たして事実なのかという疑問は残った。寄付を求めている側の数が、寄付をする財団の数を圧倒的に上回っている現状からすれば、財団側に主導権があるように思えるからだ。

フォード財団の寄付決定のプロセス

さらに詳しい状況を知るため、実際に財団でジャーナリズムへの寄付を担当する人物に話を聞いた。フォード財団でプログラム・オフィサーを務めるカルビン・シムズ（Calvin Sims）だ(19)。インタビューは、ニューヨークの国連本部ビルにほど近いフォード財団のシムズの部屋で行われた。

——寄付の決定プロセスを教えてほしい。

まず、それぞれの部署で戦略を練ることから始める。戦略ができると、それをウェブサイトなどで表示し、どんな戦略であるかを明確にする。ウェブサイトの他にも、過去に支援をしてきた団体に直接送ることもある。そして、この戦略に沿った内容だと考えた人々が、我々にプロポーザル（proposal）を出してくる。

——どのくらいの数のプロポーザルを処理するのか。

フォード財団全体では、恐らく2万件ほどとなる。そのうち、実際に支援を受けることができるのは2000件ほどだったと思う。

――私の調査では、全団体のメディア関係への寄付は、ここ数年は1%ほどで推移している。他の分野に比べると、あまり大きくないように思える。

フォード財団全体についての数字は確認しないと分からないが、我々の部署では3000万ドルほど寄付をしていると思う。小さな金額ではないし、それに他部署からメディア関係に寄付することもある。

――メディアへの寄付は増える傾向にあるのか。

状況としては増える傾向にあると思っている。というのは、我々の財団のすべての人が、メディアの重要性を認識しているからだ。別の部署の担当者にしても、自分たちが行った寄付の結果をメディアにどう載せるかを考えないと、インパクトが得られないからだ。そのためにコミュニケーション戦略を立てるのだが、良質なメディアに報じてもらう方が、インパクトが大きいのは事実だろう。

――寄付を希望する側からのプロポーザルを受けた後の具体的な対応は？

プロポーザルは紙での申し込みも可能だが、今はほとんどがオンラインでの申し込みとなっている。まず、コレスポンデント・コントロール・ユニット（Correspondent Control Unit）という部署に届き、それが各部署に仕分けされる。すべての申し込みに対して、45日以内に何かしらの返事を出すことがフォード財団の指針で決まっているため、すべてのプロポーザルに必ず目を通している。

興味を持ったものには、こちらから連絡をしてさらに話を聞き、我々の戦略に合っているかどうかを吟味する。しかし多くのケースがそうではないのも事実だ。その場合、「大変興味深いプロポーザルだが、残念ながら我々の戦略には合いそうにない。このプロポーザルであれば、こちらの財団に出してみたらどうか」といった回答を出すこともある。戦略に合わない場合でも、可能な限り援助することにしている。

――あなたの部署には、どのくらいのスタッフがいるのか。

ジャーナリズムを担当する私の部署は、私を含めて5人いる。私の下に、アドミニストレーティブ・アシスタントが1人、コンサルタントが2人、そして寄付のアドミニストレーターが1人という構成だ。

――担当する寄付金は、部署ごとに毎年決まっているのか。

部署ごとに毎年担当する寄付金が与えられ、我々はその与えられた予算を戦略に沿って切り分けて、どう寄付するかを考える。以前は寄付する団体を多く持っていたが、今は対象を絞り始めており、団体の数は減っている。

プログラム・オフィサーは、寄付のすべてに責任を負っている。寄付が行われた後も、それが適正に使われているのかを確認しなければならない。年に2回、寄付先から報告書が送られてくるため、それを確認している。その団体が適切な理事会を持っているかなどもチェックしている。

――寄付を得るのは、厳しい競争になっているのか。

フィランソロピーと称される米国の財団は、かなりのお金を持っているのも事実だ。一方で、そこから寄付を得るための競争は激しいものになっていると思う。だが時には、我々が寄付する相手として最適な団体を知っているケースもある。その場合は、我々が直接、話を持ちかけることもある。

また、寄付を希望する側から接触してきた場合でも、プロポーザルがよければ会って詳しい話を聞く。その際、まず彼らがどんな団体で、設立からどれくらい活動し、寄付はどのくらいが適切なのかといった点を調査する。寄付額というのは重要で、多くの団体は「受け取るお金は大きいほどよい」と考えがちだが、実際にはそうではない。職員が5人しかいない小さな団体が100万ドルなどという大金を得てしまうと、どう使えばいいのか分からず、計画が頓挫してしまうこともあるからだ。

――公共放送のPBSやNPRに対する支援を考えると、ニューヨーク・タイムズ紙などを支援しないというのは、どういった理由なのか。

よい質問だ。我々は、基本的に公的なものに支援をしている。公的であり、かつ非営利なものに対してだ。ただし、公的だからといって、営利企業を支援するわけではない。

我々は、伝統的に非営利こそが公平なジャーナリズムを実践できると考えている。

――基本的な質問だが、財団はお金をつくっているのか。

フォード財団は、銀行に110億から120億ドルを保有しており、それを投資している。財団の中に投資部門もある。他から資金を得ているのではなく、我々には基金があって、銀行などからリターンがあるということだ。

――それでは、経済状況によっては資金を失うこともあると?

実際に、失ったこともある。しかし、基本的には資産は巨額であり、問題はない。

シムズは、元ニューヨーク・タイムズ紙の経済担当記者で、東京支局で勤務した経験もあるという。取材をする側から取材を支援する側に回ったことについては、「満足している」と話していた。その後、2015年にフォード財団に確認したところ、シムズは別の財団に移っており、そこでもプログラム・オフィサーとして寄付を担当しているとのことだった。

フォード財団の資産

フォード財団の創設は1936年で、カーネギー財団、ロックフェラー財団と並ぶ老舗の財団だ。2008年9月末（会計年度の締め）にまとめられた同財団の財務資料によると、その年の寄付総額は5億8000万ドル余りとなっていた(20)。

支援対象を見ると、「人権、民主的で信頼できる政府」「教育の機会と奨学金」「経済的な平等」「都市の機会均等」「持続的な開発」「性の問題と健康な子づくりとその権利」「社会正義」といったカテゴリーに加えて、「表現の自由」と書かれている。

フォード財団にとって表現の自由とは、どのように位置付けられているのだろうか。資料には、「表現の自由と自由なメディアの最前線で」と題し、次のように記されている(21)。

情報とアイデアが自由に流れることは、健全な社会に不可欠な様相である。我々の作業は、創造のための空間を用意し、すべての人に対して表現するための機会へのアクセスを可能にする。また、メディアのシステムとメディアの政策が開かれ、公平であることを守るための取り組みを支援する。

表現の自由は、すべての自由の中心に位置している。我々の地域社会でかなりの頻度で変化が起こり、さまざまなアイデアや技術、そして人が国境を越えて行き交う中で、我々の仕事は、すべての人々が他の人とより深くつながり、そうした環境に参加できるように取り組むものである。

我々が力を入れるのは、世界規模で人々がメディアの基盤に等しくアクセスできるような政策を促し、公共に資するメディアを強化することにある。

我々は、サービスの行き届いていない地域に対して、芸術のためのスペースを支えるための支援も行っており、それらは、声にならない声や多様な観客を迎え入れるものとなるだろう。米国においては、我々は宗教指導者や宗教法人への支援も行っている。そうした人や法人は、社会正義と社会の公平性のため、また宗教の公的な役割について、メディアを通じて議論を喚起することに努めてきた。

前述のとおり、財団は前年の全資産の５％以上を寄付することが定められている。フォード財団の資料にも、この５％の規則は記されている。フォード財団では、過去に寄付額が資産の５％を下回ったことはないと説明している。

先のシムズの説明では、財団は運用によって資産を増やしているという。２００７年の総固定収入（Total fixed income）は約１３４億ドル、２００８年は約１１０億ドルとなっている(22)。

リーマン・ショックの影響で配当が減少した２００８年度でさえ、寄付額を大幅に上回る収入があったというのは、財団の基盤の盤石さを物語っている。

調査報道を教えるジャーナリズム教育

１６００人超が参加したＩＲＥの大会

非営利報道の存在を可能にしているのが、米国社会の寄付の仕組みであることは間違いない。しかし、それだけでは団体を創設・維持し、調査報道を実践していくことは困難である。実際に活動するジャーナリストが、技能を永続的に習得する仕組みも必要だからだ。

次に、その点について考えてみたい。

米国滞在中の2017年6月、筆者はYahoo!ニュース(「個人」カテゴリ)に次のような記事を書いた(23)。

トランプ政権誕生から半年を迎えた6月22日~25日、米・アリゾナ州でジャーナリスト1600人が一堂に会する大会が開かれた。米国では記者に対するSNSによる脅迫や、書いた記事をフェイクニュース(うそのニュース)だと決め付けての批判が常態化しつつある。トランプ大統領は、メディアに情報を提供した政府の役人を見つけ出して処罰することも指示している。記者への監視や個人攻撃にどう対応するべきか——熱気を帯びた会場を訪ねた。

＊　＊　＊

大会を主催したのはIRE＝米調査報道記者・編集者協会(Investigative Reporters & Editors)。全米に5000人の会員を持つジャーナリストの団体だ。大会はホテルを

借り切って3泊4日で開かれた。新聞、テレビ、通信、ネット雑誌の記者、大学の研究者、フリーランス、ブロガー、データ処理の専門家などが参加。メディアを敵視するトランプ政権への危機感から、参加者数は過去最大規模の1600人超となった。200を超えるセッションがホテルの各会議場で行われ、参加者は缶詰めで議論を交わした。

今回の大会で特徴的だったのは、「ジャーナリストはどう身を守るべきか」「情報源をどう守るか」といったセッションだ。

その一つに顔を出すと、講師はFBI（連邦捜査局）の元捜査官だった。長年、スパイの摘発を担ってきたトーマス・リフトン氏。

リフトン氏は、ジャーナリストは情報源（取材対象者）を守れるのかという観点で講義。自身が所属していたFBIではどうやってジャーナリストの情報源を割り出すか？　その驚愕な手口を明かした。

「まず、自分は常に狙われていると思った方がよい。例えば、携帯端末でのやり取りなどは基本的に避けるべきだ」

リフトン氏によると、FBIには、記者が携帯端末に打ち込んだテキストを入力と同時に読み取ることができる機械があるという。読み取りを防ぐ方法はジャーナリスト側にはほぼないとし、情報源とのやり取りを携帯端末で行うべきではないと話した。

電話での会話も注意するというのは当然だろうが、一つ「なるほど」と思わせる話があった。

「情報源と電話で話していて話が終わっても、二人で同時に切ってはいけない。FBIがあなたを監視対象にしたとき、必ず情報源と疑われる人間もモニターしている。その二人が同じタイミングで電話を切れば、それは有力な証拠となる。少なくとも、情報源を追及する材料になる」

ＦＢＩも盗聴には裁判所の令状が必要だが、同時に電話を切ったというエピソードは、令状を請求する材料になるという。令状が出て盗聴が可能になれば、把握はさらに容易になる。参加者は皆、真剣な表情で耳を傾けていた。セッションの後、リフトン氏に、日本でも情報機関と呼ばれる存在は、そういうことをやるのだろうかと尋ねた。

「日本の情報機関だって同じことをやる。やろうと思えばこのくらいのことはやれるし、既にやっているかもしれない」

別のセッションものぞいてみた。ＣＮＮのデスクを務めるイスマエル・エストラーダ氏が、トランプ大統領の豹変ぶりを実際のニュースを使って説明していた。

それは、トランプ大統領が候補者だったときの集会の様子を捉えた映像だ。「CNNの記者さん、こっちに来て」とトランプ大統領が記者に向かって声をかけている。この映像は未公開で放送されていない。CNNの取材班を見たトランプ大統領が大喜びで集会場に来た有力者を次々に紹介している。上機嫌だ。

CNNは取材後、この集会の様子を「300人余り入る会場で200人しか人が入っていなかった」と報じた。その報道の直後、トランプ大統領の態度は一変する。得意のツイッター批判を始めるのだ。

「CNNの記者は本当にひどい……集会は満席で、人が前に押しかけて大変だった。それなのにCNNはうそを流して参加者を少なく言っている。フェイクニュースだ」と怒りをあらわにした。

エストラーダ氏は、「事実をありのままに報じたもので、訂正すべき内容がまったく見つからない。批判をどう受け止めればいいのか分からないというのが正直なところだ」

ジャーナリストの安全の確保に取り組んできたコロンビア大学ジャーナリズム大学院のブルース・シャピロ氏はこう解説する。

「記者を萎縮させる行為が、ソーシャルメディアによって簡単に行える状態となっている。しかも、それを大統領が行うという極めて異常な事態が起きている」

シャピロ氏は、記者への政府の監視はトランプ政権より前から行われていると語った。

「実は、ジャーナリストが政府の監視対象になっているとの報告が急増するのはオバマ政権（2009年〜2017年1月）からだ。オバマ政権下で、ジャーナリストへの情報漏えいで逮捕される政府職員が相次いでいる。これはすなわち、ジャーナリストが監視対象になった結果と見ていい」

「ただし」と、シャピロ氏は続けた。

「その流れはトランプ政権によってさらに悪い方へ向かっている。トランプ大統領のメディア敵視発言によって、政府がジャーナリストを攻撃したり、監視したりすることへの敷居がさらに下がってしまった」

こうした流れを参加者はどう受け止めているのだろうか。熱心に聴いていた若い参加者に話を聞いた。アディエル・カプランさん。今は小規模なネット・メディアでジャーナリストをしており、今年からコロンビア大学ジャーナリズム大学院で学ぶという。

「昔からジャーナリストが逮捕される国があるっていう話を聞いていて、本当にそういう国のジャーナリストは大変だと思っていた。でも、実は自分の国もそうなんだと聞いて、ちょっとショックを受けている。多くのジャーナリストがこの国に逃れてきて活動を続けているのに、この国が危険になったら、ジャーナリストはどこに行けばいいの？」

それでも、未来に希望があると話した。

「これだけのジャーナリストが全米から集まり、皆で互いの技能を高めている。こういう機会を生かしていけば、ジャーナリストは負けないと思う」

大会を主催したIRE事務局長のダグ・ハディックス氏は、こう語る。

「トランプ大統領はメディアへの敵視を隠さない。そのことで、大統領の周辺もジャーナリストを攻撃してよいのだと受け取りかねない状態になっている。極めて危険だ。今、我々はもう一度、原点に立ち返らなければならない」

原点とは何か。

41年前の6月、この大会の開かれているアリゾナで、地元紙の記者が亡くなった。車に仕掛けられた爆弾で爆死したのだ。記者は地方政治とマフィアの癒着を取材していた。この日に情報源に会う予定になっていたという。マフィアや政治家にとって、不都合な真実に近づこうとしたため殺されたと見られる。

事件の捜査は進まず、迷宮入りかと思われた。そのとき、全米からアリゾナにジャーナリストが集まった。警察も行政も動かない中、一つ一つ証拠を固め、最後に犯人を割り出した。「アリゾナ・プロジェクト」という名で米国のジャーナリストに語り継がれている。

このプロジェクトは、当時発足したばかりのIREが主導したものだった。そして40年以上経って再びこの地にジャーナリストを集めたのには意味があった。それは、当時の合言葉、「You can kill journalists, but you cannot kill stories.（記者は消せども、記事は消せず）」を今一度思い出すこと。

「その言葉を今再び、皆でかみしめようということ」ハディックス氏は大会の狙いを説明する。

ハディックス氏は今後の米国のジャーナリズムについて明るい展望を見ているのだろうか？

「希望と不安が半々というのが正直なところだ。もっと厳しい状況が来るかもしれない」

と、そこまで言って考え直したかのように、言葉をつないだ。

「でも、この大会を見てほしい。これだけの人が参加して皆がつながりを持っている。ジャーナリストというのは米国憲法に守られた存在だ。ジャーナリストが健全な民主主義に不可欠だということを米国民は理解している。それは変わっていない。だから、私たちはそれを信じて、さらに前に向かっていかなければならない」

ジャーナリストの「教育」と「共有」の場として

ＩＲＥが調査報道全般に寄与した面は大きいが、とりわけ始まったばかりの非営利報道でジャーナリストの教育に寄与した面は大きい。ＩＲＥが高い水準のジャーナリスト教育を実践したため、主要メディアを経ずに非営利報道に入った若いジャーナリストも、高い技量を身に付けることが可能になったのだ。

さらに詳しくＩＲＥの活動を見ていきたい。ＩＲＥは、１９７５年に設立された。調査報道の質を向上させるための非営利団体であり、さまざまな立場の人が講師を務めている。

しかし、そもそもは、ジャーナリストが互いに取材のアイデアやテクニック、情報源を共有し合う場をつくり出すことを目的として始まった。

ＩＲＥは、主に次の4点について取り組みを行っている。

・調査報道のための教育と環境整備
・ジャーナリズムのレベル向上のための施策
・調査報道ジャーナリストの権利の保護
・団体のさらなる発展のための施策

これらの取り組みについて、ＩＲＥ事務局長のダグ・ハディックス（Doug Haddix）に話を聞いた(24)。

――団体の取り組みを教えてほしい。

調査報道にはさまざまな手法があり、それを深め、そして広めることが重要となる。そここには、ジャーナリスト同士が手法や技術を共有し合うことと、ＩＲＥがこれまでに蓄積したデータを皆で共有していくことが含まれている。

――ジャーナリストが自らの経験を共有していることに驚いた。日本では考えられないことだ。

最初からそうだったわけではないと思う。ＩＲＥが設立されたのは40年前のことだが、当時はこうした形でジャーナリストが集まり、情報や手法を共有するという場はなかった。しかし、ジャーナリストたちはそれを求めていた。ＩＲＥが回を重ねるたびに、そうした要求に応えるものになっていったのだろう。

考えてみれば、ジャーナリストがその手法を独占する意味はあまりない。それぞれの成果は皆で称賛すればいいわけで、その成果を生む手法は、ジャーナリズム全体の財産だ。その手法は伝承され、そして蓄積されるべきで、それによってジャーナリズム全体がまたさらに発展していく。

大会で講師を務めるジャーナリストや研究者は、それを名誉なことだと受け止めている。また、非営利報道や新聞、テレビなど、それぞれのジャーナリストが所属する組織にとっても、名誉なことだと感じてくれているようだ。

非営利報道の取材に不可欠な「CAR」の手法

アリゾナ州で開かれた大会は、トランプ政権下という特殊な状況もあり、取材先を守るという点に大きな力点が置かれた。しかし当然、それだけではない。他にも、コンピューターをいかに取材に生かすかについての講義が行われた。

コンピューターを取材に利用する取り組みは、さほど新しいものではない。"Computer Assisted Reporting"の頭文字を取って「CAR（カー）」と呼ばれ、以前からIREで教えてきたものだ。

現在ではグーグル（Google）などの検索エンジンや、フェイスブック（Facebook）などのSNSを生かす手法が加わっている。

大会では、グーグルの画像検索を利用するセッションで、写真が撮影された場所を特定する方法についてグーグルの担当者が教えていた。また、SNSを使ったセッションでは、フェイスブックを利用して人物検索をかける方法を説明していた。

そうしたセッションの講師は30代の若い女性で、50代、60代のベテランジャーナリストが受講生といったケースが多かった。

ある人物について、フェイスブックを使ってさまざまな検索をかけると、その人物の職歴はもちろん、学歴、家族構成、交流関係が判明する。正直に言うと、恐ろしい時代になったと痛感する瞬間だ。会場で、筆者と同年代のジャーナリストが講師に質問した。

「自分の情報が検索されたくないと思ったら、どうすればよいのか？」

講師の女性は、苦笑いして言った。

「一切、インターネットにアクセスしないことだ」

IREの大会でのセッションの様子（2017年）

価値のある情報を「発掘」する

ＩＲＥは、アリゾナ州フェニックスで開いたこの大会の他に、小規模なセミナーを各地で開いている。筆者がアメリカン大学にいた２０１０年には、同大学でも1日だけのセミナーが開かれた。

そのセミナーでは、ルイスとともにアメリカン大学に調査報道ワークショップ(Investigative Reporting Workshop：IRW)をつくったウェンデル・コクラン(Wendell Cochran)教授が、CARの講義を担当した。コクランの講義は、CARの実践としてイメージしやすいので、詳細を記しておく。

それは、「ハンズオン(hands on)」と呼ばれるもので、受講者の前にはそれぞれパソコンが置かれ、コクランの指示どおりにパソコンを操作する。コクランは、国勢調査局(Census Bureau)のウェブサイトにアクセスするよう求めた上で、あるデータをダウンロードし、エクセルのスプレッドシートに流し込むよう指示した。

そのデータは、イラク戦争で死亡した米兵についてのデータだった。コクランはその死亡者数を、まず出身州別に整理するよう指示する。すると、そもそも人口の多いニューヨーク州の出身者が多くいることが分かる。

次に、人口10万人当たりの死亡者数に整理していく。すると、最も死者数が多いのは、モンタナ州となった。

「私がモンタナ州の新聞社の記者だったら、これをトップ記事として書くだろう。人口10万人当たりに換算したら、モンタナ州の若者が最も多い比率で戦地に連れて行かれ、そして亡くなっているからだ。

すべて公開された情報だが、表計算ソフトを駆使することで、苦労せずに記事を書くことができる」

これはCARの初歩的な作業で、現在ではここまで初歩的なセッションは開かれていない。しかし、公開情報をパソコンの機能を使って整理し、報道する価値のある情報を見つけるという基本的な部分は今も変わっていない。

ちなみにこのセッションには、国勢調査局の担当者も参加しており、コクランとともにどのような情報を国勢調査局のウェブサイトからダウンロードできるかを指導していた。これも、日本ではなかなか見られない光景だろう。

パソコンを使って情報を整理することで、重要な事実を発掘するというCARの手法は、非営利報道が活動の場を広げる上で不可欠なものだ。非営利報道には、多くの記者を投入し、また多額の資金を投じて取材するという、主要メディアの手法は使えないからだ。

ルイスは、「ＣＡＲに限らず、さまざまな手法を取り入れることで、効率的な調査報道を実践することが重要だ」と語っている[25]。

【注釈】

（１）Joan M. Hummel, *Starting and Running a Nonprofit Organization* (University of Minnesota Press, 1996)

（２）５０１Ｃ３団体の免除条件（https://www.irs.gov/charities-non-profits/charitable-organizations/exemption-requirements-section-501c3-organizations）

（３）同（１）。

（４）Foundation Center, *Foundation Yearbook* (Foundation Center, 2008)

（５）同（４）。

（６）同（４）。

（７）Foundation Directory Onlineのデータより作成。

（８）同（７）。

（９）フレデリック・マルテル『超大国アメリカの文化力』岩波書店、２００９年。

(10) Lawrence J.Friedman, *Charity, Philanthropy, and Civility in American History* (Cambridge University Press, 2003)
(11) 同(9)。
(12) 同(9)。
(13) 同(9)。
(14) 同(9)。
(15) 同(9)。
(16) 同(9)。
(17) ２０１１年１月19日、財団センターでの筆者によるインタビュー。
(18) Stacy Palmer, *Challenges for Nonprofits and Philanthropy* (Tufts University Press, 2004)
(19) ２０１１年６月17日、フォード財団での筆者によるインタビュー。
(20) Ford Foundation, *Ford Foundation 2008 Annual Report* (Peake Delancey, 2008)
(21) 同(20)。
(22) 同(20)。
(23) 本書への掲載に当たり、表記を一部修正。
(24) ２０１７年６月23日、アリゾナ州フェニックスで開かれたＩＲＥ大会での筆者によるインタビュー。

(25)　２０１０年12月22日、アメリカン大学での筆者によるインタビュー。

第6章

非営利報道の展望

チャールズ・ルイス（Charles Lewis）が提示した非営利報道というビジネスモデルは、第4章で紹介したとおり、全米に広がりを見せている。それは今後、どのような方向に進んで行くのだろうか。

連邦通信委員会の提言

メディアの在り方を提言する調査報告書

米国のメディアや通信政策に対し、政府から独立した立場で監督を行う連邦通信委員会（Federal Communications Commission：FCC）という組織[1]がある。そのＦＣＣが２０１１年7月、*The Information Needs of Communities: The Changing Media Landscape in a Broadband Age*[2]という、６００頁にも及ぶ長文の報告書を出した。

これは、ＦＣＣの職員、研究者を総動員して米国のメディア環境を分析し、今後のメディアの在り方を提言したものだ。６００人に及ぶ関係者にインタビューを行い、現状を分析した上で、今後のメディアの在り方を提言している。

報告書では、調査報道のようなプロフェッショナルなジャーナリストによる社会の公正さを監視するような報道の欠如に憂慮を示している。その上で改善策として、特に非営利報道を含めた非営利メディアの活用が重視された(3)。具体的には、報告書で次のように指摘している(4)。

非営利団体によるメディア活動は、もっと理解され、もっと大きな役割を担うべきである。

その非営利メディアとは、記者を輩出する大学のジャーナリズムスクール、ウェブサイトでニュースを出す非営利報道、コミュニティーFMラジオ局、ウィキペディアのページづくりに関わる人々（中略）政府の資金がそれらのメインの活動資金になってはならないが、非営利の分野は現在起きているメディアの空白を埋めるために、さらに大きな役割を担う必要がある。

内国歳入法「501C3」の修正を提言

また、次のようにも指摘している(5)。

いくつかのジャーナリズムはコストがかかりすぎており、短期的に見ると投資に見合う成果が期待できないため、商業メディアは支出を控えようとする。このため、我々は、この極めて労働集約的なジャーナリズムの分野で、非営利にもっと大きな役割を担わせるべきだと考える。

その上で、税制度の改正を提言し、「非営利メディアの創設者や税の専門家からは、現状の税規定は他の特定の非営利団体を想定したもので、非営利メディアは本来そうであるようには適合しない、との指摘が出ている」としている。

これは、税務上の優遇規定に、メディアが明記されていない現状を改善するよう求めるものだ。もちろん、解釈を拡大することで、多くの非営利報道は税制上の優遇措置を得ている。しかし、その立場を明確にするよう、FCCの報告書が指摘した意味は大きい。

報告書はさらに、非営利報道が受けている規制を緩和するよう求めている。税規定で定められた非課税が認められたあらゆる非営利団体は、政治への働きかけが禁止されている。これについて、報道が本来持つ役割に支障を来しかねないといった懸念が出ているとして、次のように指摘している(6)。

仮に、非営利報道が立法府の決定に対する賛意や反対意見を表明する論を展開した場合、それが政治への働きかけと見なされて、免税特権がはく奪されかねないとの懸念がある。

それは、重要なニュースや社会の問題を報じるという、非営利報道の本来の役割を果たしにくくするという恐れがある。また、持続可能なビジネスモデルの構築をも制限するものにもなっている。

つまり、非営利報道に政治的な介入を求めるのではなく、その裁量を広く認めるよう求めている。

これに加え、非営利団体が持つ制度的な限界についても改善を求めている。具体的には、広告収入について幅広く認めるよう求めるものだ。

非営利報道の多くはウェブサイトに広告を掲載しているが、現状では、そこからの収入については課税される。そのため非営利報道の役割を考慮し、広告収入についても非課税にすべきとの提言がなされている。

そしてこれらの諸問題を解決するため、内国歳入法501条C項3号（501C3）を修正し、メディアを対象とした別の規定を設けるよう提言したのである。提言はさらに、既存の新聞社や放送局で経営の立ち行かなくなっているものについては、非営利報道への組織的な組み換えが可能になるよう検討を開始すべきとしている(7)。

報告書では、これらの提言はFCCの公式な見解ではないとしている。しかし、米国内で通信情報産業の総元締めとも言えるFCCが、その総力を挙げてまとめた報告書において非営利報道への期待が明確に打ち出されたことの意味は大きい。

このことは、ルイスがセンター・フォー・パブリック・インテグリティ（The Center for Public Integrity：CPI）を設立して20年余りを経て、非営利報道が確実に米国ジャーナリズムで大きな役割を担う立場になったと言えるだろう。

大学との融合

アメリカン大学での調査報道ワークショップ（IRW）創設

非営利報道にとって、追い風となる状況も生まれている。同じ非営利団体として、社会正義を追及する存在である大学との連携という、新たな仕組みも生まれているのである。これも、ルイスが提示した非営利報道の一つの形だ。

ルイスはCPIの代表を後進に譲った後、ハーバード大学で自ら提示した非営利報道についての論文を執筆している。その後、その論文を目にしたアメリカン大学のコミュニケーション大学院長を務めていたラリー・カークマン（Larry Kirkman）からアプローチが入る。

それは、大学内に非営利報道をつくらないかという提案だった。カークマンは、ルイスのつくり出した非営利報道は、同じ非営利組織である大学との間に高い親和性があると考えたという。その思いについて、カークマンは次のように語っている。

「私は、実際にジャーナリズムの場に身を置いたことはない。しかし、メディア研究者として、また健全なジャーナリズムの存在が民主主義に不可欠だと考える市民として、今のジャーナリズムの現状に危機感を抱いていた。

そうした状況の中、チャック（ルイス）が始めた非営利報道について、強い関心を持って見ていた。そして、ジャーナリズム学科を仕切っていたウェンデル・コクラン（Wendell Cochran）教授から『それならば、チャックを連れて来て、大学で新たな非営利ジャーナリズムを始めたらどうか？』との提案があり、私はすぐにゴーサインを出した」(8)

チャールズ・ルイスが代表を務めるIRW

その際、カークマンからルイスに出された要望は、「調査報道を実践する組織であり、同時に新たなジャーナリズムを生み出すものであること、なおかつ大学の機関として学生の教育に資するものであること」というものだった(9)。

ルイスはすぐに提案書を書いてカークマンに送付している。その提案は、アメリカン大学の理事会で了承され、２００８年に調査報道ワークショップ（Investigative Reporting Workshop：IRW）が誕生する。ルイスは、コミュニケーション大学院の教授としてアメリカン大学に招かれるとともに、ＩＲＷの代表に就任している。

ジャーナリズムを実践するワークショップ

設立の際、ルイスは「ワークショップ（Workshop）」という名称にこだわりを持ったという。

「大学のセンターというと、ただの研究機関というイメージが強くなる。ラリー（カークマン）と私が目指したのは、ジャーナリズムの研究だけでなく、調査報道を維持する新たな取り組みを始めるということだった。〝ワークショップ〟という言葉には〝作業をする〟という意味がある。センターで資料を読むだけでなく、汗をかいてジャーナリズムを実践する。それを表したかった」(10)

アメリカン大学の理事会に提出された起案書には、次のように書かれている。

米国における調査報道は、これまで新聞と放送という主要メディアと呼ばれる報道各社のジャーナリストによって実践されてきた。それは多くの場合、一つのトピックを数カ月から数年にわたって追い続ける、高い能力を持ったベテラン記者のチームによって行われてきた。不幸にして、そして愚かとしてしか言いようがないのだが、近年の経済状況がそうした報道各社に調査報道にかける費用を削るか、あるいはなくす方向に向かわせている。

これまで調査報道が、我々の生活に大きな影響を与える強大な公的機関や巨大企業の活動を監視する役割を担うことで、社会に寄与してきたということは疑いようがない。この重要な役割を担うための能力が全体として減少しようとも、調査報道の必要性が消えるものではない。問題は、どのような形で、強力かつ公共の利益に資する調査報道を残し、さらに育てていくかだ。これは米国だけの問題ではない。特に近年、民主主義が普及しつつある中米や東欧など、世界の多くの地域で求められている。

その解決策の一つとして、調査報道ジャーナリズムを「非営利」や「第三セクター」の分野に移すという動きがある。実際、アメリカン大学客員特別ジャーナリスト（当時）のチャールズ・ルイスによって設立された非営利ジャーナリズムのＣＰＩは、この選択が有効であることを示す素晴らしい実績を示している。

　このスタイルの非営利報道は、チャールズ・ルイスの指導を得て、全米に広まり始めている。例えば、カリフォルニア大学バークレー校では、学生が調査報道の重要な担い手になるプログラムがつくられている(11)。

ＩＲＷの機能と活動

また、「ＩＲＷの目指すものと機能」として、次の点が列挙されている(12)。

　ＩＲＷは学生に対して、刺激的で新しい学びの機会を提供する。また、教員に対しては、教育と研究の場を提供する。我々はこれを世界中の優秀な調査報道ジャーナリストを集める磁石として活用したい。

　ＩＲＷは、ジャーナリズムの最先端の場として、アメリカン大学コミュニケーション大学院の評価を高めることになるだろう。そして特に大学院において、優秀な学生を集めるのに役立つだろう。

ＩＲＷのモデルは、セサミストリートを制作し、その後の教育テレビの保育器かつ革新的な存在となった「チルドレンズ・テレビジョン・ワークショップ（Children's Television Workshop）」にある。我々は、これまで調査報道を担ってきた主要な報道機関に取って代わろうとするものではない。それよりも、調査報道を全米、全世界に届けるため、それらの報道機関と連携を模索したい。

そして、主要な機能として、特に次の7点を挙げている[13]。

①活字や映像による独自の調査報道を行い、マルチメディアによって発表する。その活動には、アメリカン大学コミュニケーション大学院の教員や学生も参加できる。また、他の非営利報道団体やフリーランスの調査報道ジャーナリストもパートナーとして参加できる。

②調査報道の新たな手法や技能を実践するための革新的なプロジェクトを行い、その

ための保育器の役割を担う。それらのプロジェクトには、報道各社、非営利報道、大学などがパートナーとして参加できる。
③調査報道に関するアカデミックな研究について支援する。
④調査報道の発展や新たな技能の試みのための実験室となる。
⑤調査報道に関する資料を収集する。
⑥調査報道を志すジャーナリストのための資料センター兼情報センターとなる。特に、市民ジャーナリストや国際的な団体によって支援されている非営利の報道団体をその対象とする。
⑦その他、自由な社会に資する調査報道を促進するためのさまざまな活動を行う。

ＩＲＷには、ＵＳＡトゥデイ（USA Today）紙でデジタル紙面担当のエディターをしていたリン・ペリー（Lynne Perri）、ＣＰＩの財源確保で力を発揮したバーバラ・シェクター（Barbara Schecter、２０１２年退職）も参加している。また、公共放送ＰＢＳのプロデューサーであるリック・ヤング（Rick Young）など、実績あるベテラン・ジャーナリストが参加している。

さらに、ワシントン・ポスト紙とＩＲＷとで、デスクを共同雇用するプロジェクトも開始している。ＩＲＷでデスクを務めるジョン・サリバン（John Sullivan）は、ワシントン・ポスト紙の調査報道チームの主要メンバーでもあり、彼が指導してＩＲＷの学生が取材・執筆した記事は、ピュリツァー賞を受賞している。

また、ヤングが中心となって進めているドキュメンタリー部門でも、公共放送ＰＢＳの看板報道番組『フロントライン（Frontline）』を共同制作しており、中南米からの不法移民（正確には書類のない入国者）を強制送還する際の収容施設の劣悪な環境を告発した番組では、米テレビ界最高の栄誉とされるエミー賞を受賞している。

大学が非営利報道を支える基盤に

ＩＲＷの現状についてルイスは、まだ発展途上だとしつつ、一つのモデルとして提示できる状態だと語っている。

「財源が確保されているという意味では、とても大きな意味を持つ。私を含め、ＩＲＷ

の主だったジャーナリストの給与は、大学が支払っている。ＩＲＷの事務所は大学が格安で提供してくれ、通信費やパソコンなどの設備費、テレビカメラなどの撮影機材、ＶＴＲ編集機材などは大学が負担してくれる。

最も大きいのは、我々の報道にクレームが来た際、あるいはクレームが予想される際に、対応する弁護士は大学が用意してくれるということだ。ＣＰＩのときは、すべて自前で準備していたので、極めて強固な基盤だと言えるだろう」(14)

またＩＲＷでは、大学からの財政支援とは別に、独自に寄付を集めている。その額は、２００９年には１０８万ドル、２０１０年には１６０万ドルと、日本円で1億円を超えている。ルイスら職員の給与や事務所の維持費、取材費の多くを大学側が負担する状況を考えれば、かなり潤沢な資金だと言えるだろう。ルイスとカークマンが示した、非営利報道と大学との融合という形は、全米で広がりを見せ始めている。

例えば、西海岸の名門であるカリフォルニア大学バークレー校は、ジャーナリズム大学院に併設して、調査報道プロジェクトを立ち上げた。ここでは、ＩＲＷと同じように、プロのジャーナリストと研究生、大学院生らが調査報道に取り組んでいる。

ルイスは大学での活動について、現状をこう総括している。

「非営利報道は、さまざまな形を経て発展していくだろう。それを私は『ジャーナリズムの生態系の不可避的な動き』と呼んでいるが、大学との提携はその一つだと言える。また、非営利報道でも、法律が許す範囲でコマーシャル収入を得ることもあるだろう。FCCの報告書にあるとおり、主要メディアが非営利報道的になっていくこと、また、非営利報道がその存在を大きくすることは考えられても、その逆は考えにくい」(15)

非営利報道の掟

時代の流れを感じさせる出来事

第2章で紹介した「ニュージアム(Newseum)」でのルイスの功績をたたえるセレモニーで、ある印象的なエピソードがある。招待状を持たなかった一部の人が、出席を断られるというハプニングが起きたのだ。断られたのは、世界的に有名な主要新聞社の幹部だった。これまで新聞やテレビの殿堂とされたニュージアムで、非営利報道を生み出したルイスの表彰式が行われ、また招待状を持たなかったとはいえ、主要メディアの幹部が出席を断られるという出来事に、出席者は時代の流れを感じさせられたという。

現在、ニュージアムでは、非営利報道についての常設展示も始まっている。今後そのスペースが充実していくであろうことは、非営利報道がピュリツァー賞の常連となっている今日では、容易に予想できることだ。

プロパブリカ（ProPublica）、CPIなどは、既にピュリツァー賞候補の常連とされており、第4章で触れた地域密着型や問題を特化した非営利報道についても、同賞の対象となるような質の高い報道を続けている。

米調査報道記者・編集者協会（Investigative Reporters & Editors：IRE）の元代表で、イリノイ大学教授のブラント・ヒューストン（Brant Houston）は、全米の非営利報道の数はIREが把握しているだけでも200になると話している(16)。

さらなる技術革新や不安定な景気動向など、さまざまな要因からまだ先を見通せない米国のジャーナリズムだが、今後どのような方向に向かおうとも、非営利報道が大きな役割を担っていくことは間違いない。

米国は、健全な民主主義の維持に不可欠な調査報道を、新聞やテレビといった主要メディアとともに、非営利という形でさらに進める方向にかじを切っている。その流れは、大学という同じ非営利法人で、かつ社会正義の実現という共通の目的を掲げる存在との融合という新たな側面も伴いつつ、米国メディアの中心として活動する方向に動いている。そしてさらに重要なのは、後述するように、その動きが既に世界に広がっていることだ。

ルイスが示した非営利報道設立の掟

本章の最後に、ルイスが記した「非営利報道設立のための10の掟」について触れておきたい(17)。

①アイデアを伸ばす (Iron out the idea)

これは当たり前のように思えるし、実際、当たり前のことだ。あなたは実際に何をつくろうとし、それはなぜなのか。実際に何を調査報道によって調べようとし、それをどのような形で世に問おうとしているのか。どのような地理的、あるいはグループを対象にしたものを考えているのか。ジャーナリズムにおける競争相手はどこで、あなたのつくるものは関連する報道機関とは何が異なるのか。それらに対する社会のニーズをどう見ているのか。

あなたのミッションは何か。現実的な資金の裏付けと寄付による支援の予測はどうか。それらは初期段階と活動全般においてどうなっているのか。率直に言えば、誰から資金を得るのか。これらのすべてに答えられない場合、先に進むべきではない。

②代表を指名する（Designate a leader）

委員会のような組織は、それ自体では何も始まらない。ある人がリーダーシップを発揮して活動を行うことで、その他の人々はそうしたアイデアやカリスマ性に集まる。委員会というのは、週末の午前3時に起きて、組織のために心配したりはしない。必ず誰か、全体の活動に昼夜を問わず責任を負う中心的な人物が必要だ。その人物は、周囲の声をすくい上げる役割も担う。

報道機関などの組織では、編集長補佐などの存在もあり得るが、代表の持つ権限と責任を分担するのは容易ではないし、理想的ではない。従って、創設者のビジョンやメシア的な熱意は、一人の不可避的に動かざるを得ない人物によって維持されるのが普通だ。ここ数年の状況から学ぶとしたら、報道機関の代表には、ジャーナリストがならなければならない。

③どのように組織をつくるか（Create a governing structure）

どのように組織し、誰によって運営されるのか。現場の管理責任者は、理事会の長を務めるべきではない。理事会は、その組織の法的かつ信用契約上の責任などを負うからだ。しかし、もし創設者が日々の業務も指揮しようとするなら、創設者は目指す方向を明確にしつつ実行しなければならない。その場合は、職業的、倫理的に尊敬され、かつ性別が多様で信頼される理事会が存在し、そのメンバーは創設者と価値観、目標を共有していなければならない。

理事会には、執行権限を持った編集者も加わっている必要がある。そうでなければ、混乱とぶつかり合うエゴ、それにエネルギーの浪費を招くだけだ。

非営利団体は、規則や条文といった、組織を維持するための装置を持っている。それらは、開始時の段階で採択され、組織の目的から理事会の役割、理事の任期などすべてを規定していなければならない。

それらは弁護士が日常的に整えてくれるが、大切なのは、文章の細かい点も含めて、その内容が重要だということだ。もし、新しくつくられた組織が大きな非営利団体の中に置かれるとしたら、日々の決定を誰が行うのかを明確にすることについての声明と、原則に基づいた透明性が必要になる。また、さまざまな目的に合ったアドバイザリーボードを設置することもできる。

④自治を確立する（Determine autonomy）

最初に、一つの決断をする必要がある。それは、内国歳入法501条C項3号（501C3）に該当する（非営利）団体にするのか。そうだとして、他の組織に組み込まれているのか。組み込まれているとしたら、それは大学や財団のように巨大な組織のプロジェクトなのか。

仮に財団に組み込まれている場合、日々の編集権と他のすべての権限について完全に透明性が確保されていなければならない。そうでないならば、社会の信用は得られず、著しい成果を出すことはできないだろうし、最終的には失敗するだろう。

501C3の団体であるか、組織に組み込まれた団体であるかを問わず、財源や設立の趣旨、または組織の活動力が1カ所に、あるいは限りなく1カ所に近い状態だった場合、信用性について疑問が生じることになるだろう。異なる複数で、かつ公開された財源は理想とすべきものではなく、その組織が長期にわたって成長していくために不可欠なものだ。

⑤免税対象となる（Get tax-exempt status）

米国における非営利報道は、財団、個人、あるいはその双方からの寄付によって成り立っている。寄付が連邦政府の免税措置を受けられなければ、それらの誰も寄付はしないだろう。税の免税措置を得るには、通常3カ月から半年、もしくはそれ以上かかる。この分野に精通している弁護士に依頼し、書類を整えることが好ましい。

⑥調査報道を始める（Get to investigating）

組織を立ち上げた最初の数週間か数カ月で、実際の調査報道のプロジェクトか特定の取材内容を絞っておくことは、重要であり有用だ。別の言い方をすると、特別な調査報道プロジェクトがなければ、何をするつもりなのかと疑われる。独自のサブスタンティブな調査報道プロジェクトのない非営利報道は、存続する意味がない。つまり編集方針がなければ、非営利報道は機能しない。

団体を創設した編集責任者は、その団体の能力に応じた現実的な目標を設けて運営する必要がある。

その責任者は、よい結果を出すために、可能な限り優秀な記者を雇う必要がある。もちろん、記者がそれらを報道する際には、すべて団体として了承したものでなければならない。

⑦仲間と読者・視聴者を探す（Find allies and an audience）

非営利報道が存続するためには、可能な限り早く報道することが求められる。質の高い報道、ウェブサイトへのアクセス、新聞やテレビによる言及など、報道による騒ぎと非営利報道への寄付との間には関連がある。

その報道に関する社会の関心が高いほど、社会からの資金的な支援は多くなる。インターネットによるマルチメディアや双方向性、視覚に訴えるウェブサイトだけでなく、ニュースに飢えている主要なメディアとのパートナーシップも重要だ。それによって、読者や視聴者を増やすことができる。

多くの読者・視聴者に情報を伝えることは死活問題だ。編集長や記者が公の場でインタビューに応じるなどはすべきだが、それは単に、報道後に自身の組織に勢いをつけることでしかない。

⑧財源を明確にする（Identify money sources）

「金を追え」。ウィリアム・ゴールドマン脚本の映画『大統領の陰謀』で有名なこのセリフは、非営利報道の財源確保に当てはめるのは適切ではない。

しかし、調査報道について資金を依頼する前に、最初に調べておくべきことがある。

「金を追う」とは、誰が資金源となり得るかを決めるための調査を意味する。それらはどのような存在で、他にどういう存在を支援し、支援の一般的な規模はどのくらいで、その団体の理事会はいつ開かれ、応募の時期や実際に寄付が行われる時期はいつなのか、といったことだ。誰が最も寄付者になってくれそうか。包括的にせよ、プロジェクトごとにせよ、それらの支援に対して、精密なアプローチの戦略を考える必要がある。

資金確保のための手法をここで解説するのは難しいが、財団センター（Foundation Center）や財団センターが運営する財団ディレクトリー・オンライン（Foundation Directory Online）にアクセスすると、容易に習得することができる。

同様に、難解なのは、そうした博愛主義的な支援を得るための団体のポリシーをつくることだ。

例えば、あなたの団体は企業、労働組合、政党、圧力団体、あるいは行政から資金の提供を受けるのだろうか？　私が最初に立ち上げたＣＰＩでは、財団と個人からの寄付しか受けないことを決めたが、それについては15年間、常に資金確保のための倫理問題とともに理事会で議論となった。

⑨資金を有効に使う（Manage finances efficiently）

組織を立ち上げる際に、資金獲得のための担当者を雇うような財源の余裕はない。私のときは、若い資金獲得担当者を雇うまでに4年間かかった。ＣＰＩのときは、私が資金の獲得から経費の支払い、記者の雇用や管理、取材の指揮、そして報道に至るまで同時にこなした。

私はそれまでに、資金を獲得する作業をしたことも、人を管理したこともなかったが、徐々に学んでいった。新たに生まれた企業と同じように、多くの非営利報道は一つ一つを手作業でこなさなければならない。一方で、資金を提供する財団の担当者や個人の寄付者は、創設者や編集責任者など、組織の顔となる人物に会いたがる。なぜなら、彼らは組織にではなく、人に対して資金を提供するからだ。人のつながりなくしては、資金を得ることはできない。

私はいかなる財団の担当者からも、求められもしない手紙や提案によって資金を得たことはない。精緻な資金獲得や資金の利用の度合いは、時間の経過とともに向上していく。それらは、スタッフが増え、ポリシーが明確になり、さらには専門的な知識を持った人物が加わることで可能になる。苦労して得た資金を無駄に使うことほど、愚かなことはない。

CPIの活動指針は簡単なもので、マントラのように何度も内部で繰り返し言われた。それは、「品質こそが品質を生み出す」ということだ。素晴らしい職場環境、十分な時間と資金、高い職場のモラル、そして十分な有給休暇などの報酬が与えられた素晴らしい集団こそが、素晴らしい成果を生み出すことができる。

⑩常に用心する（Watch your back）

これは調査報道記者にとっては避け難いことだが、常に取材対象を怒らせることになる。我々は、報道する前に最悪の事態を想定して取材内容を確認することに慣れている。しかし、個々の非営利報道は、巨大な新聞社や放送局に比べて、財源的に見ても小さく傷つきやすいことは明らかだ。それはつまり、攻撃に備えることが重要だということを意味している。

事実関係の確認、記事の注視、名誉毀損についての検証は、どの調査報道についても不可欠だ。これらを考えたとき、私は、どの非営利報道もそのウェブサイトに倫理規定と業務内容、それに収入・支出、スタッフの給与、寄付者の一覧、理事の経歴を記した内国歳入庁（Internal Revenue Service：IRS）が規定する報告書「Form 990」を載せることは重要だと考える。

新たな非営利報道を立ち上げることは、気の弱い人には難しい。それは、無限の忍耐とスタミナ、それに応用力を要求する。しかも、どんな身の毛のよだつような恐ろしい状況や不幸に直面しても、自分の指針とガッツを維持しなければならない。

【注釈】

（1）通信放送行政をつかさどる連邦政府機関であるが、行政府から独立した存在となっている。

（2）Steven Waldman, *The Information Needs of Communities：The Changing Media Landscape in a Broadband Age*（Federal Communications Commission, 2011）

（3）同（2）。

（4）同（2）。

（5）同（2）。
（6）同（2）。
（7）同（2）。
（8）2011年5月19日、アメリカン大学コミュニケーション大学院長室での筆者によるインタビュー。
（9）2010年12月22日、アメリカン大学での筆者によるインタビュー。
（10）同（9）。
（11）Larry Kirkman, *Proposal to School of Communication of American University, 2008*
（12）同（11）。
（13）同（11）。
（14）2011年6月7日、アメリカン大学での筆者によるインタビュー。
（15）同（14）。
（16）2015年10月8日、世界調査報道会議での筆者によるインタビュー。
（17）Charles Lewis, *10 Rules of The Road For Nonprofit Center*, *IRE Journal*（May/June 2009）

第7章

日本における非営利報道の可能性

世界に広がる非営利報道

世界各地でジャーナリズムを担う非営利報道

第1章で触れた「世界調査報道会議（Global Investigative Journalism Conference）」は、2001年に主に欧州と米国で調査報道を行ってきたジャーナリストによって立ち上げられた。それは、既に米国で行われていた米調査報道記者・編集者協会（Investigative Reporters & Editors：IRE）の活動を世界に拡大するというもので、講師陣に英米人ジャーナリストや北欧のジャーナリストが多かったことから、会議の共通語は自然と英語になった。

会議を主宰するのは、非営利団体の世界調査報道ジャーナリズムネットワーク（Global Investigative Journalism Network：GIJN）だ。事務所は持たず、事務局長のデビッド・E・カプラン（David E Kaplan）は、自宅のあるワシントンＤＣから世界に散るスタッフと連絡を取り合い、ウェブサイトの更新をしたり、2年に1度開かれる世界調査報道会議の準備や2014年からその合間に行われるようになった「アジア調査報道会議」の準備を進めている。

筆者は、2013年にブラジルのリオ・デ・ジャネイロで開催された世界調査報道会議に初めて参加した。その後、翌2014年に新たに始まったアジア調査報道会議（フィリピン、マニラ）、2015年のノルウェーのリレハンメルの会議、2016年の第2回アジア調査報道会議（ネパール、カトマンズ）に続けて参加した。NHKを辞めた後の2017年には、前述の南アフリカのヨハネスブルクでの会議に招待されて参加した。

会議には、新聞記者や放送局の記者、ディレクターも参加しているが、カプランは、会議の主役は非営利報道だと言ってはばからない。

「もちろん、新聞やテレビなどの主要メディアからの参加を拒むものではない。実際に、ニューヨーク・タイムズ紙や英ガーディアン紙、BBCといった主要メディアの大物記者も多数参加している。幸か不幸か、世界で命を張って戦っているジャーナリストの多くが非営利報道に所属しており、彼らは支援を必要としている。この会議はジャーナリスト教育の場だが、連帯の場でもある。

この会議で築いた人脈を最大限に生かし、それぞれの国でさらに調査報道を展開してほ

しい。それがこの会議の趣旨だ」(1)

実際に、会議で主要な役割を担っているのは非営利報道だった。そのことからも、非営利報道が世界各地でジャーナリズムを担っていることが分かる。東欧、アフリカ、中東、中南米と各地に非営利報道が誕生し、ジャーナリストが調査報道を学びつつ実践している。特徴的なのは、民主主義の基盤の脆弱《ぜいじゃく》な地域で、特に活発な活動が行われていることだ。例えば中南米では、各国に非営利報道のセンターができている。

著名なものでは、ブラジルのABRAJI（Brazilian Association of Investigative Journalism）やアルゼンチンのFOPEA（Argentinian Journalism Forum）などがある。また、アフリカでは、ANCIR（African Network of Centers for Investigative Reporting）やAIPC（African Investigative Publishing Collective）などが活動している。中東にも、ARIJ（Arab Reporters for Investigative Journalism）があり、既に国境を越えたジャーナリズムの実践と支援を行っている。

その動きはアジアにも広がっており、例えばフィリピンのPCIJ（Philippine Center for Investigative Journalism）(2)、韓国のニュースタパ（打破）(3)などは、主要メディアが後追いをせざるを得ないような特ダネを放っている。香港では、香港大学の陳婉瑩（Yuen-Ying Chan）率いる調査報道チームが活動している。

中国本土でも、北京外国語大学に調査報道チームができていて、会議でその成果を発表していた。それは、地域の環境問題を告発する内容で、中国政府や中国共産党を標的にするような調査報道ではなく、取材自体は粗い印象を受けたが、中国で調査ジャーナリズム（Investigative Journalism）という言葉が根付くかどうかは興味深い。

強調したいのは、各国、各地で活発に行われている調査報道がルイスの示した非営利という形を取っていることだ。

発表報道に重きを置く日本のジャーナリズム

ＧＩＪＮのカプランは、日本での取材経験もあり、暴力団についての著作もある知日派のジャーナリストだ。日本のジャーナリズムが、調査報道よりも発表報道に重きを置いていることをよく知っている。それだけに、日本での調査報道が活発になることを期待する言葉をたびたび口にしている。

「日本のジャーナリズムが頑張っていないとは思わない。記者も優秀だろう。しかし、調査報道に重きが置かれていないことも間違いないと思う。これまではよかったかもしれないが、今後はどうだろうか。

米国のように、とは言わない。そう言われることを日本人が嫌っていることも知っている。米国流か欧州流か、日本流か……。それはあまり関係のないことだ。調査報道をジャーナリズムの根幹に根付かせる取り組みが必要だ。そのために日本のジャーナリストには、世界調査報道会議やアジア調査報道会議に出席して、主導的な役割を担ってほしい」

「NPO税制」と「格差社会」の成立

カプランの期待に応えるかのような動きは、徐々にではあるが、日本でも生まれつつある。

米国において非営利報道を可能にした二つの要素、「寄付制度」と「ジャーナリスト教育」のいずれについても、日本には米国のような土台があるわけではない。しかし、少しずつではあるが動き始めている。

日本では、2012年に行われた税制改正で、いわゆるNPO税制の整備が図られた。これによって、NPOに寄付した納税者の所得税の控除枠が拡大され、寄付をしやすい環境が整備されることとなった(4)。

もちろん、ふるさと納税の返礼品のような経済的なメリットが、この税制によってもたらされることはない。しかし富裕層で、多少なりとも寄付をして社会貢献をしたいと考える人にとっては、寄付をある程度メリットとして感じられる制度にはなっている。

これは、非営利団体の主宰者にとっては、十分とは言えないまでも、従来から見れば大きな改善だ。

米国で寄付社会が成立した歴史を見ると、税制度が大きな要因として働いたことは間違いない。さらにもう一つの要因として、カーネギーやロックフェラーに代表される巨大資本家の存在が大きかったことが分かる。つまり、いわゆる格差社会の成立である。幸か不幸か、その点についても、日本には寄付が行われやすい土壌が成立しつつある。

それは、格差社会の成立の一つの要因である、寄付をする余裕のある富裕層の誕生だ。

例えば、ソフトバンクの孫正義は、東京電力福島第一原子力発電所の事故を受けて、私財を投じて原発に頼らないエネルギー政策を進めるための財団を設立するなどしている(5)。

こうした資本家の姿勢が制度とうまく融合すれば、日本でも非営利団体の活動が活発になり、その流れが非営利報道にも生かされることが期待できる状況にはなってきている。

報道実務家フォーラムの開催

では、もう一つの要素であるジャーナリストを教育するシステムはどうだろうか。これについても動きが始まりつつある。

日本では、新聞、通信、テレビという主要メディアと、フリーランスのジャーナリストを働き手とする雑誌ジャーナリズムが、互いをけん制し合うようないびつな形で成立してきた。また、主要メディア間での会社の壁も厚い。米国のように、会社や個人の枠を超えたジャーナリズム教育の場の必要性が、真剣に議論されたこともなかった。

そうした状況の中で、一つの試みが始まっている。「報道実務家フォーラム」だ。これは、報道で実績を出した記者を招き、取材について語ってもらう取り組みで、2010年

3月に最初の会合が開かれている。

運営の主体は、主要メディアの記者らが有志でつくる「取材報道ディスカッショングループ」だ。報道実務家フォーラムのウェブサイトには、同グループの設立の経緯が書かれている。

従来のジャーナリズム論は、ともすれば「報道は何をしてはならないか」という議論が多く、読者や視聴者が本当に知りたいことに報道実務家はどう応えていくかという視点は弱かったように感じていました。あるいは「記者はもっと頑張れ」という叱咤激励はあっても、では具体的にどうすればいいのかを現実に即して考える場は不十分に思われました。そこで、私たちは現場の視角と感性を持ち寄りながら議論し、取材報道のノウハウを共有していこうと月1回程度の例会を開くことから始めました。

その例会から生まれたのが、報道実務家フォーラムだ。もちろん、IREのように1000人を集めて、数日にわたっていくつものセッションを開くというものではない。

しかし、所属する組織の壁を越えて取材の実務について語り合う取り組みとしては、日本では唯一の存在となっている。

２０１７年９月には、この報道実務家フォーラムの特別版として、取材報道ディスカッショングループ、早稲田大学大学院政治学研究科ジャーナリズムコース、そして筆者が編集長を務める特定非営利活動法人（ＮＰＯ）アイ・アジア（後に、ニュースのタネ）の共催で、ＩＲＥのダグ・ハディックス（Doug Haddix）事務局長らを招き、米国の調査報道の実践について議論する場を設けている。

日本での非営利報道の誕生と今後の展望

弁護士による報道の取り組み

非営利報道の取り組みも始まっている。弁護士が中心となって活動している非営利組織としては、ＮＰＪ（News for the People in Japan）がある。日本社会の情報の非公開性を指摘し、公開性の充実に取り組んできた故日隅一雄弁護士が仲間の弁護士と始めたもので、弁護士による報道の取り組みの一つとなっている。

大学内に設立されたワセダクロニクル

ジャーナリストによる本格的な取り組みでは、映像メディアのアワープラネット・ティービー（OurPlanet TV）(6)が孤軍奮闘していたが、最近では、早稲田大学が大学内に非営利報道をつくって成果を出している。２０１７年から本格的な活動を始めたワセダクロニクルだ。寄付で集めた資金と自前のウェブサイトを使って調査報道を行っている。そのウェブサイトでは、自らの団体について、次のように説明している。

世界では、ピュリツァー賞を受賞した米国のプロパブリカ（ProPublica）やパナマ文書報道で有名になったＩＣＩＪ（The International Consortium of Investigative Journalists）など非営利の組織が、調査報道を担っています。政治家や富裕層の税逃れを追及したパナマ文書は世界の調査報道組織が連携した成果です。ワセダクロニクルも国内外の組織やジャーナリストと積極的に連携していきます。

こうした調査報道ジャーナリズムに特化した非営利のジャーナリズム活動は大学の場でも取り組まれています。例えば、米国のアメリカン大学やカリフォルニア大学バークレー校を私たちの先行事例として挙げることができます。

調査報道ジャーナリズム（Investigative Journalism）とは、政府や大企業といった大きな権力を持つ組織の不正や腐敗を自力で取材し公表するものです。官公庁などの記者クラブで提供された情報を伝えるだけの報道活動とは別のものです。文字通りinvestigateつまり、権力が隠し、公表しない事実を自らが「探査し」「掘り起こし」、それらの事実を市民社会に還していきます。私たちが加盟申請をしたＧＩＪＮ（The Global Investigative Journalism Network）の創設メンバーの一人であるマーク・リー・ハンター氏の言葉を借りて言うならば、「（調査報道）記者は、記事の事実に対して公正で、誠実であろうとする。その上で、誰が犠牲者であり、英雄であり、悪事の張本人であるかを示してもよい。記者はまた、記事で判断を下してもよい」（邦訳『調査報道実践マニュアル―仮説・検証、ストーリーによる構成法』旬報社、２０１６年、24ページ）

ということになります。ワセダクロニクルが発信する成果物は、正確性、独立性、透明性、公正性を追求します。取材にあたっては、公益性（公共の利益）があると判断した場合はあらゆる手段を排除しません。

学生の教育では、調査報道ジャーナリズムの実践の場を通してジャーナリストとしての倫理と手法を伝えます。卒業後は自立したジャーナリストとして日本のジャーナリズムの活性化に貢献できるような素地をつくっていきます。

シリーズとして発信している「買われた記事」は、共同通信と電通の癒着を暴いたものだ。その反響は大きく、複数のメディアが後追いで内容を報じている。

日本初の調査報道専門の非営利報道

筆者も関わって設立された、非営利報道のニュースのタネについても触れておきたい。ニュースのタネは、２０１３年にアイ・アジア（IAsia）として設立された。筆者の米国での経験談を基に、北朝鮮報道で知られるジャーナリストの石丸次郎と筆者とで設立した。石丸は、20年余りにわたって北朝鮮の閉ざされた社会にメスを入れてきた、日本を代表するジャーナリストだ。北朝鮮に居住している人と取材チームをつくり、外国人が絶対に接近できない国内事情を、映像や写真、文書で発表するという斬新な手法で多くのスクープをものにしてきた。

その発表先は、主に民放テレビの報道番組であり、報道に少なからずテレビ局側の配慮が働くことに懸念を持っていた。そこで、米国で活動が広がりつつある非営利報道に興味を持ち、2013年4月に筆者とともにアイ・アジアを設立した。このアイ・アジアは調査報道を専門とする、日本で初めての非営利報道となった。

アイ・アジアには、筆者と石丸の他に、ラジオフォーラムという非営利のラジオ番組制作団体（2016年3月に放送終了）のスタッフである鈴木祐太、日本テレビの中国総局長だった宮崎紀秀（北京在住）が参加した。

アイ・アジアの設立趣意書には、次のように記している(7)。

第7章
日本における非営利報道の可能性

日本を含むアジア地域は、混沌とした先の見通せない状況を迎えています。国内に様々な問題を抱えつつ、その巨大な存在感を国際社会で誇示する中国。破たんした国内経済を無視してさらに核開発に突き進もうとする北朝鮮。民主化を志向しつつ開発独裁の歴史を断ち切れない東南アジア。勿論、巨大な官僚機構が生み出した歪に対処しきれない中で、未曾有の地震被害に見舞われ、原発事故の収拾にまったくめどが立っていない日本も不安定要素の1つです。

このような状況の中にあって、報道機関の責任、果たすべき役割の重要性は益々大きくなっているはずですが、新聞、放送、雑誌といった既存の大手メディアは、様々な制約から人々の求める報道を実践できないでいることも徐々に明らかになってきました。それは単に経営的な理由によるものではなく、大手メディアそのものが既得権益化してしまい、追及すべきを追及しない、報じるべきを報じない姿勢が染み付いてしまったからだと言えます。東日本大震災の時の政府の発表を鵜呑みにしたような日本の大手メディアの報道はその事例の1つとして記憶されるでしょう。そして一方で、ひとつひとつの事実を丹念に検証して真実を明らかにする調査報道は影を潜め、人気政治家の特集や奇抜な殺人事件など、人々の耳目が集まりやすいようなニュースばかりが氾濫する状況が生じています。

私たちは、こうした世の中にこそ、闇を照らして真相に迫る報道機関の存在が重要だと考え、調査報道のための非営利団体「アイ・アジア」を設立しました。志を同じくする世界のジャーナリスト、研究者、市民と連携して取材・調査を行い、一条の光となって、市民社会にとって有益な情報を発信していきます。また、取材によって得た情報を開示することにも努め、他のメディアがそれを利用できるような環境の整備にも取り組みます。更に、記事や解説、評論を英語、中国語、韓国・朝鮮語で発信することにも努め、国際間の相互理解の促進にも寄与したいと考えています。

これらの目的を実現するためには、同じ志を持つ人であれば誰でも参加できる開放性と、利益を追求しない公益性の高い特定非営利活動法人（ＮＰＯ）こそが、公正かつ独立した調査報道の活動にもっともふさわしい組織形態であると考えています。

その後、石丸は自身のアジアプレスでの活動に専念し、筆者が編集長兼代表として団体を率いることになる。これは、第6章で紹介した、チャールズ・ルイス（Charles Lewis）による非営利報道設立の掟「②代表を指名する」に倣ったものだ。

ニュースのタネが取り組む調査報道

アイ・アジア設立の2013年度は、寄付金の総額は100万円程度で、2年目の2014年も同程度の寄付額だった(8)。米国の小規模な非営利報道ほどの資金も集まっていないのが現状だが、ルイスが米国で実践した報道形式を継承し、公開情報を駆使して事実を発掘する調査報道に特化している。

アイ・アジアでは、設立以来、政治と金の問題、自衛隊をめぐる問題、環境問題、原発の問題などを取り上げている。評論などはしない。保守、革新といったいかなる政治的な立場も取っていない。

原発については、東京電力福島第一原子力発電所の事故で、大気に放出された放射性物質の数値的な検証を行った。他に、各地の原発で使われる核燃料の製造工場を視察した記録や、東京電力が公表した売却予定の資産を地図上にマッピングし、都心部にグラウンドを含めて多数の資産を有してきた巨大電力会社の実態に迫るなど、公開情報を駆使した調査報道に努めている。

また、ジャーナリズムの問題も取り上げている。例えば、2015年10月5日に掲載した記事では、国連総会に出席した安倍首相の現地での記者会見が、事前に質問を調整した一種の出来レースだったことを官邸内部の資料から報じている。

2017年1月から筆者が編集長となり、その後、名称を「ニュースのタネ」に変更した。そして設立から5年目を迎えたこの年、周囲への働きかけが実り、寄付金の額は500万円を超えた。

政治資金センターの活動

ニュースのタネが特に力を入れている取材に、政治と金の問題がある。これは、公益財団法人政治資金センターとの連携によって行われている。

この政治資金センターも、非営利報道の新たな動きと位置付けられる。これは、第4章で紹介した政治資金データの提供を行う米国のセンター・フォー・レスポンシブ・ポリティクス（Center for Responsive Politics：CRP）とＮＩＭＳＰ（National Institute on Money in State Politics）の日本版だ。長年にわたって政治資金の調査に取り組んできた弁護士の阪口徳雄と、公認会計士の松山治幸、三馬忠夫、神戸学院大学教授の上脇博之らに、筆者も加わって２０１６年に設立された。

政治資金センターでは、主な活動として、総務省や都道府県の選挙管理委員会に届け出された、衆参両院議員、都道府県知事の政治資金収支報告書のデータベースをつくっている。このデータは、誰でも閲覧が可能だ。

これが極めて重要なのは、選挙管理委員会に提出される政治資金収支報告書の保存期間が3年しかないからだ。つまり、4年前の政治資金の動きを調べようと思っても、そのデータは残されていないのだ。

そのため、こうした活動を通して、市民による政治と金の監視をサポートすることを目指している。政治資金センターのウェブサイトでは、その目指すところについて、次のように記している。

政治家の「政治とカネ」問題の不祥事があとを絶ちません。

政治家の政治資金の収支報告書は「公表」されていますが、多くの国民がその収支報告書を見る機会に接しません。

政治家が多くの政治団体を有することができるので、どの政治家がどのような政治団体を有しているのか調べることが実に大変だからです。

また、政治家の政治団体がすべてわかっても、その収支報告書の公表先が総務省であったり、都道府県の選挙管理委員会であったりするので、その収支報告書を閲覧・入手するだけでも簡単にはできないからです。

仮にその収支報告書を見る機会に接しても収支報告書の独特の表現が使われ、その理解に苦労します。

第7章

日本における非営利報道の可能性

私達、関西の弁護士、研究者、公認会計士、ジャーナリスト、市民有志が集まり、政治家の収支報告書を誰もが閲覧できるようなサイトを立ち上げることを数年前から検討してきましたが、その作業の厖大さに圧倒され先延ばしにしてきました。あるジャーナリストから、アメリカでは政治家のカネの透明性を求める非営利の団体があり、それが政治資金センター（Center for Responsible Politics）として機能を果たし活動していることを紹介してもらいました。

このような企画をもっていたところ、この趣旨に賛同をいただいた法人や多くの関係者から発足に当たっての相当額の寄附を受けるメドがたち２０１６年６月23日一般財団法人政治資金センターを設立することができました。その後大阪府に公益認定申請をしていたところ２０１６年11月28日に公益認定を受け、12月１日に公益財団法人政治資金センターの登記を終えましたので、これからは公益財団法人政治資金センターになりました。

国会議員の国会議員関連団体（政治資金規正法17条団体）だけでも約２１００団体

あり、3年分集めても6300団体になります。その他の政治団体など収支報告書なども収集するとすれば、およそ膨大な作業と予算が必要になります。

政治家のカネに関する不祥事の防止は政治資金の「透明性」の確保が第一歩であり、多くの国民がこれにアクセスして監視することが最大の防止策であると信じ、政治資金センターを発足することになった次第です。多くの方の支援をお願いする次第です。

政治と金を監視する仕組みをつくる

取り組みの中心にいる阪口は、次のように話している。

「政治と金の問題に長く取り組んできた。さまざまな指摘をし、問題のあるものについては刑事告発もしてきた。しかし残念なことに、なかなか政治と金をめぐる状況は改善しない。メディアは問題が発覚したときだけ騒ぐが、それだけで終わってしまう。そうした状況の中で我々が考えたのは、市民が常に政治と金を監視する仕組みをつくることだ。

『自分が投票した自分の選挙区の議員はどうなのか?』『自分が寄付したお金を政治活動に適切に使ってくれているのか?』。そういったことを市民自らが常にチェックし、問題があれば、それを政治家に直接言う。それによって、政治家に襟を正してもらうというのが本来あるべき姿だと思う。米国では既に行われているこのシステムを、日本でできないわけがない。

もちろん、メディアにもこのデータを使ってもらいたいし、データベースの構築に協力してほしい。この取り組みは、政治と金の透明性を実現するための人々の協力の場だと考えている」

日本で始まった政治資金センターの活動

衆参両院議員の政治資金収支報告書は、毎年11月に公表される。政治資金センターではその都度、収支報告書を入手し、データベースをつくる作業を続けている。資金については、すべて寄付によって賄われている。

阪口は言う。

「寄付を集めるのはそう簡単ではないが、これはやり続けなければならない。半ば強引にお願いすることもある（笑）。もちろん、生活に余裕のある人で、趣旨を理解してくれた方々にお願いしている。

政治家への寄付はいけないことではない。自分が支持する政治家を支援するという行為は、何も批判される行為ではない。しかし支援をする以上は、その政治家の行動を監視するという意識も必要だ。この政治資金センターのデータを活用することで、市民が直接、政治家を監視することができる。

監視というと語弊があるが、つまりはチェックできるということだ。その仕組みは、民主主義社会では不可欠なものだと考える」

政治資金センターでは、全国にサポーターを募集している。サポーターには、政治資金センターを経済的に支援してもらうとともに、各地の有権者がデータベースを活用し、その活動に役立ててもらうためのリーダーとなることが期待されている。市民が参加して、政治と金を常に監視する仕組みをつくる。それが政治資金センターの狙いだ。

ファクトチェックの普及を目指すFIJ

この他に、新たに始まった非営利報道として、ファクトチェック・イニシアティブ・

ジャパン（FactCheck Initiative Japan：FIJ）が挙げられる。2017年6月に、ジャーナリスト、研究者、弁護士らが集まって東京で記者会見を行い、非営利団体としての活動を発表した。

その目的は、日本でのファクトチェックの普及を目指すことにあり、設立の趣旨をウェブサイトに公表している。

近年、人々をとりまくニュースや情報の環境は大きく変化しています。インターネット上に新しいニュースメディアや個人の書き手が次々と現れ、SNSなどのテクノロジーメディアの普及も相まって影響力を増しつつあります。一方で、デマや真偽不明の情報が拡散することへの懸念も高まっています。もっとも、新聞やテレビなど従来のメディアにも事実と異なる報道が散見され、透明性をもって是正する取組みが十分になされてきたとは言えません。こうした課題にメディアやジャーナリズムはどう応えていくのか、その存在意義や役割が問われています。

私たちは、メディアやジャーナリズムに携わる人々が、社会に影響を与える様々な報道・言説のファクトチェック（真偽検証）に真剣に取り組むべきときに来ていると考えます。すでに海外では、メディアとプラットフォーム事業者が協働して問題に対処する取組みも始まっています。他方、わが国では一部に取組みはあるもののごく限定的であり、本格的に担うだけの組織やメディアも存在していません。

私たちは、事実と異なる言説・情報に惑わされ、分断や拒絶が深まるような社会を望んでいません。そうならないためにも、ファクトチェックをジャーナリズムの重要な役割の一つと位置づけて推進し、社会に誤った情報が拡がるのを防ぐ仕組みを作っていく必要があると考えました。

もちろん、ファクトチェックも言論の枠内で行われるものであり、特定の言説・情報に対する検閲や排除を志向するものであってはなりません。ファクトチェックに基づく言説自体が他者からの再検証や批判に耐えうるものでなければならないことは当然であり、真実の最終裁定は言論社会に生きる人々に委ねられています。私たちが志向するのは、人々が正確な事実認識を共有できるよう、判断材料を提供することです。

こうした真偽を検証する活動の量的・質的な向上が、誤った情報に対する人々や社会の免疫力を高め、ひいては言論の自由を守り、民主主義を強くすることにつながると信じます。

私たちは、こうした問題意識を共有する個人や関連団体がそれぞれの垣根を越えて協働し、ファクトチェックの実践を広げていくための取組みを開始することを決意し、ファクトチェック・イニシアティブ（FactCheck Initiative Japan、略称「ＦＩＪ」）を立ち上げることと致しました。

ＦＩＪの取り組みは、具体的に次の４点になる。

①ファクトチェックに関するガイドライン等の整備・啓発事業
②ファクトチェックに関する国内外の団体および市民との連携・協働事業
③ファクトチェックに貢献する団体・個人に対する評価・支援事業
④その他目的を達成するために必要な事業

活動の中心にいるのは、日本報道検証機構を立ち上げ、主要メディアの誤報を指摘してきた弁護士の楊井人文だ。楊井は、次のように話している。

「ファクトチェックというのは、主要メディア、特に商業メディアにはなじまない分野ではないかと思う。欧米でも、ファクトチェックは非営利団体が担っているケースが多い。そういう意味では、我々が非営利団体というモデルを選ぶのは当然のことかと思う」

団体の理事長には、毎日新聞の元科学環境部長で、早稲田大学大学院政治学研究科ジャーナリズムコースプログラム・マネージャーの瀬川至朗が就任した。また、スマートフォンへのニュース配信で知られるスマートニュースの執行役員の藤村厚夫も理事に就任しており、同社は法人会員としてＦＩＪに財政的な支援も行っている。

設立会見当時、筆者は米国に滞在していた。楊井の誘いで、２０１７年７月にスペインのマドリッドで開催された第４回世界ファクトチェック会議（Global Fact 4）に参加し、各国のファクトチェック団体代表らと意見交換をするなどして活動内容について調査した。

その結果、ファクトチェックを日本に根付かせるためには、ファクトチェックのガイドラインづくりが不可欠と判断した。筆者もＦＩＪの理事の一人に加わり、ガイドラインの作成やファクトチェック教育の実践に携わっている。

ＦＩＪは、２０１７年10月に投開票が行われた総選挙について、ファクトチェックを実施した。多くのジャーナリストに参加を呼びかけた結果、オンラインメディアのバズフィードジャパン（BuzzFeed Japan）、ジャパン・インデプス（Japan In-depth）が参加し、楊井の日本報道検証機構、筆者のニュースのタネを含めた4団体によって、日本で初めてとなる本格的なファクトチェックが試みられた。

楊井はＦＩＪの取り組みについてこう語っている。

「ファクトチェックという取り組みが日本でも知られるようになり、逆に、過大な期待を寄せる声も出始めている。その結果、例えば、フェイクニュースへの対応は不十分だというものや、ファクトチェックは意味がないと早合点してしまうケースが多く見られる。ファクトチェックとは、そもそもフェイクニュースへの対応として出て来たものではない。氾濫する情報の中で、その内容が事実と証拠に基づいているかどうかの判断材料を提供するという、極めてシンプルな取り組みなのだ。

シンプルではあるが、これを多くの人が当然のように行うようになることで、結果的に誤情報に惑わされない免疫力を身に付け、誤情報の拡散を弱める効果も期待できると考えている。大事なのは、誰かにフェイクニュースの排除を期待することではない。皆で情報の流れに目を光らせ、根拠に基づいた情報を共有する取り組みを広げていくことだ」

【注釈】

（1）２０１５年10月10日、世界調査報道会議での筆者によるインタビュー。

（2）http://pcij.org/

（3）http://welcome.newstapa.org/

（4）控除額の算出方法は、所得控除では「寄付金の総額－２０００円＝控除額」、税額控除では「（寄付金の総額－２０００円）×40％＝控除額」となる。寄付額の総額は、総所得金額の40％が限度となっている（https://www.npo-homepage.go.jp/kifu/kifu-yuugu/kojin-kifu）。

（5）自然エネルギー財団（https://www.renewable-ei.org/）

（6）http://www.ourplanet-tv.org/

（7）ニュースのタネのウェブサイト「設立の趣意」。

（8）ニュースのタネのウェブサイト「活動計算書」。

第8章

非営利報道の新たな挑戦

チャールズ・ルイスとの再会

第1章で触れた2017年11月の南アフリカの「世界調査報道会議（Global Investigative Journalism Conference）」では、事実上の主賓として招かれて出席していたチャールズ・ルイス（Charles Lewis）と再会した。ルイスは会議で三つのイベントを担当し、そのうち二つでパネラーを務めるという忙しさだったが、会議期間中の11月16日、滞在先のホテルで話を聞くことができた。

まずは、今の米国の状況から尋ねた。

――トランプ政権が誕生して1年近くになるが、今の状況をどう見ているのか。

私はウォーターゲート事件の世代の人間だ。知ってのとおり、ジャーナリストとしての私の最初の上司は、ウォーターゲート事件を追及したカール・バーンスタイン（Carl Bernstein）だった。私にとって大統領は、常に取材すべき権力者であり、そこには権力者特有のおごりが見え隠れしている……、そう思ってジャーナリスト人生を歩んできた。それは、大学で教える立場になっても、ＩＲＷ（Investigative Reporting Workshop＝調査報道ワークショップ）でジャーナリストを指揮するときも、常にそういう視点を大事にしてきた。

しかし、これほどひどい大統領というのも、正直、見たことがない。ニクソンは権力の乱用によって結果的に多くの問題を起こしたが、彼の外交政策を高く評価する人は少なくない。メディアと対峙はしたが、メディアの役割を理解していた。

チャールズ・ルイスと筆者（2017年）

それに対して、トランプはどう評価すべきかも分からない。メディアの役割を理解していないだけではない。この国のよって立つ民主主義さえ理解していない気もする。

――民主主義を理解していない大統領が誕生したと？

残念ながら、そう言わざるを得ない。例えば、彼はコミーＦＢＩ長官を解任したが、そのときに「大統領である私には解任する権限がある」と言い放っている。もちろん、そうだ。

しかし、政権に疑惑が向けられた捜査を担っているFBI長官を解任すれば、そこに司法妨害の疑いが生じることは大統領ならば理解すべきだ。

――ニクソンは、ウォーターゲート事件で特別検察官を解任していると思うが。

ニクソンは、自らを守る最後の手段として、特別検察官のアーチボルド・コックスを解任した。その結果、自らも辞任に追い込まれることになる。

少なくともニクソンは、行き場を失って暴挙に出たわけだが、トランプはそうした逡巡さえしたかどうかも怪しい。「私は大統領だ。私の決定に不満があるのか？」といった専制君主的な意識であったとしたら、それは大きなあやまちだ。

――私は米国滞在時に、トランプ対メディアという観点で取材をした。メディアのトランプ大統領への向き合い方についてどう思うか。

頑張っていると思う。ニューヨーク・タイムズ紙、ワシントン・ポスト紙は特に頑張っている。CNNも調査報道チームでトランプ大統領の問題を報じている。

――一方で、あなたがつくったCPI（The Center for Public Integrity）など、非営利報道はあまり目立った報道をしていないように見えるが。

今の取材は、政権内部に情報源を持った新聞やテレビの記者が、知り得た情報を発信している状況だ。これは、やはり伝統的な主要メディアの得意とするところだろう。

――公開情報を読み込んで告発する*The Buying of the President*のような取材が可能な状況ではないということか。

今、大統領に向けられた疑惑のようなものが文書になっていて、それが公開情報として入手できるのであれば、それは可能だろう。しかし現実はそうなっていない。FOIA（Freedom of Information Act＝米国の情報公開制度）には致命的な欠陥があって、ホワイトハウスと連邦議会がその対象となっていないのだ。

――大統領の不正を暴くのにFOIAは使えないと？

そのとおりだ。これは、制度が発足時から抱えている問題だ。だから、トランプの問題をFOIAを使って調べるということはできない。FEC(Federal Election Commission＝連邦選挙委員会)の資料を読み込んでの取材はもちろん可能だが、それはマザージョーンズ(Mother Jones)誌など、いくつかのメディアが行っている。我々のIRWでも、今、データを集めてトランプ大統領の取材を始めている。CPIでも取材を進めていると聞いている。それらが報道を開始するには、もう少し時間がかかるかもしれない。

トランプ大統領の取材を行うジャーナリストたち

——それは、トランプ大統領についての取材か。

そうだ。いろいろな非営利報道が、トランプの大統領就任以前のデータを集めて分析を進めている。それにはもう少し時間がかかるだろう。

今の政権内部から主要メディアに流れる情報のようなスピード感では、調査報道は行えない。情報の収集や分析に時間がかかるからだ。だから今は、主要メディアの独壇場となっている状況だ。それはそれで、主要メディアが頑張っているので、よいのではないだろうか。

ただ、内部からの情報漏れに対し、トランプ大統領はかなり引き締めを行っている。やがて情報は出なくなるだろう。そうすると、内部の情報に頼っている主要メディアは報道ができなくなる。そのときは、非営利報道の調査報道の出番となるだろう。


――それはトランプ疑惑の第二幕といった感じになるのか。


まさにそうなるだろう。今、ロバート・モラー特別検察官の捜査が進んでいるが、彼は本気でトランプ政権の闇を暴こうとしているように見える。

モラーは、連邦検察官を辞めて弁護士になった優秀な人材を根こそぎ集めてチームに加えている。いずれも優秀な法律家だ。だが、トランプも必死で生き延びようとするはずで、捜査はどこかで行き詰まるかもしれない。

そのときに、我々の調査報道は、ひょっとしたら捜査に別のヒントを与えるものになるかもしれない。先は読めないが、内部情報に頼った報道はいずれ出にくくなる。でも、入手したデータを分析することで報じる内容は枯渇することはない。ＣＰＩにせよ、我々のＩＲＷにせよ、そういった報道を目指している。

――非営利報道は、あなたがＣＰＩを設立した後、急激に増え始めた。今は２００あるとも言われている。

ミズーリ大学に本部のあるＩＲＥ（Investigative Reporters & Editors＝米調査報道記者・編集者協会）の調べでは、約２００となっている。その規模はさまざまで、持続可能性といった面で難しい団体もある。私もアドバイスを求められることはあるが、資金集めはそう簡単ではないと言える。

例えば、ある財団が10万ドルを寄付してくれて、それで1年は乗り切れるかもしれない。だが、その後は保証されていないのだ。皆、そうした問題を抱えている。

――連邦通信委員会（Federal Communications Commission：FCC）の報告書により、税制を改正して非営利報道への寄付を増やす提言がなされたが、それについてどう思うか。

ＦＣＣの報告書は注目に値するが、それによって実際に税制が改正されるまでには至っていない。さらなる努力が必要だ。

寄付を得て調査報道を行う非営利報道は、一つのビジネスモデルではあるが最終的なものではない。私は「ジャーナリズムの生態系」という言葉をよく使うが、まだそれが最終的な形だとは思っていない。

――ＣＰＩをあなたから引き継いだビル・ビューゼンバーグ（Bill Buzenberg）は〝ハイブリッド〟が必要だと話している。

確かにそのとおりだ。それは、寄付を得つつも、収益事業やメンバーシップによっても資金を得るということだ。さまざまな取り組みが必要になっており、まだまだ発展途上だということなのだろう。今後、まったく異なったコンセプトのものが生まれることもあるかもしれない。

エドワード・スノーデン（Edward Snowden）のスクープで注目されたグレン・グリーンウォルド（Glenn Greenwald）のザ・インターセプト（The Intercept）のように、巨大な寄付を得られる場合もある。また、ＩＲＷのように大学という基盤を持っているところは、持続可能性はあるものの、大学という官僚組織の中で動きが取れなくなることもあるだろう。

――「パナマ文書」や「パラダイス文書」に代表される、ジャーナリストの協働についてはどう思うか。

パナマ文書では、２・６テラバイトのデータを世界の３００人から４００人というジャーナリストが手分けをして分析し、成果を出した。それがパラダイス文書へとつながっていった。素晴らしい成果だと思う。

私がＩＣＩＪ（The International Consortium of Investigative Journalists＝国際調査報道ジャーナリスト連合）をつくったときは、ジャーナリストでこの取り組みに賛同する人は少数だった。でも今は、こうした取り組みをおかしいと感じる人はいないだろう。

大事なのは、ＩＣＩＪ以外でも、世界各地で国境や組織の壁を越えた協働が行われる状況が生まれていることだ。これは考えてみれば簡単なことで、犯罪は国境を越えて行われている。それなのに、ジャーナリストが国境を単位に取材をするのは、意味がないことだ。

真実に迫ろうとすれば、おのずと壁を越えていかなければならない。それを単独で行うのは難しいが、壁の向こうには志を同じくする優秀なジャーナリストがいる。そうであれば、なぜ協働しないのか。しない理由はまったくないと言える。

もちろん、ジャーナリストの競争心を意味がないとは言わないが、それは度を超えている。だから私は、「"Journalists should not kill each other, but collaborate together."（ジャーナリストは互いの競争に明け暮れるのではなく、力を携えるべき）」と言ったのだ。それが大きなプロジェクトとして実現するのは、素晴らしいことだと思う。

――あなたはテレビのプロデューサーを辞めて非営利報道を立ち上げ、今は大学を拠点にジャーナリズムを実践している。常に新たな挑戦を続けているが、今後はどう挑戦していくのか。

そう言ってもらえるのはありがたいが、私は先を見通していたわけではない。その時々に、「こういう方法がよいのではないか」と思ったことを実践してきただけだ。それが成功したというだけで、他にもっとよい方法があったかもしれない。

今考えていることは、少し誤解を与えるかもしれないが、一言で言えば「ジャーナリストなきジャーナリズム」ということだろうか。

――ジャーナリストが不要になったと？

私は、調査報道を中心にジャーナリズムに取り組んできた。やはり調査報道は、ジャーナリズムの根幹だと考えている。その根幹を担うのはジャーナリストであり、調査報道を担うジャーナリストこそが一番重要だと考えてきた。

ところが、大学でさまざまな専門分野の人々と接していて、ジャーナリストが太刀打ちできないような事実の解明を専門に行っている人たちが世の中にはたくさんいることが分かった。

ジャーナリストが問題の端緒を得て取材を始め、専門家に話を聞き、データを集め、それらを読んで分析し、その分析に間違いがあればまた専門家に尋ねる。こういった作業をするまでもなく、そうした情報を既に持っている専門家が大学や研究機関にはいる。そうであれば、彼らとの協働をなぜやらないのか？　そう考え始めているところだ。

――ジャーナリストと研究者の融合ということか。

そうとも言えるかもしれないが、まだイメージが明確ではない。ただ、これまでジャーナリスト同士の協働ということを提言し、それはそれでパナマ文書やパラダイス文書という成果を出した。それは一種の革命だったかもしれないが、ジャーナリズムの世界の動きでしかない。

社会は多様化し、常に変容している。それに対応する新たな動きとしては、ジャーナリズムがジャーナリストによってのみ行われるという状況そのものが、変わる必要性があるのかもしれない。

――ジャーナリストによるジャーナリズムの終焉だと？

どう表現すればいいのか分からないが、そうなのかもしれない。

ルイスとのやり取りは、3時間ほどに及ぶものだった。このやり取りは、そのときの音声を起こしたものではなく、メモ書きから記したものだ。メモは全文を書いたものではなく、キーワードを書き記したものだが、ルイスの言葉はその意味するところも含めて頭に入っている。

ルイスとは、米国で2010年から1年間にわたって議論し、日本に戻った後も定期的に意見を交換している。また、2017年1月から6月末まで、再びフェローとしてルイスのIRWで過ごし、トランプ大統領や今のジャーナリズムについて議論をさせてもらった。それだけに、ルイスの真意を間違うことはない。

インタビューが終わった後、「ルイスさん、貴重な時間をいただき、ありがとうございます」と伝えると、「こちらこそ楽しかった。しかし、ヨイ（筆者）、いったいいつになったら他の皆と同じように、私を〝チャック〟と呼んでくれるのか？　ま、気長に待つよ」と言って笑った。

「ジャーナリストなきジャーナリズム」へ

その後、ルイスにうれしい知らせが舞い込む。ICIJの報道に対して、ハリウッド外国人映画記者協会（The Hollywood Foreign Press Association：HFPA）が100万ドル、日本円にして1億1000万円の寄付を決定したのだ。ルイスは創設者として、2018年1月7日（現地時間）に行われたゴールデン・グローブ賞の授賞式に招かれ、ICIJのすべてのジャーナリストを代表して、寄付を受け取る栄誉にあずかった。

これについてルイスは、「この約20年間におけるICIJの進化と成功を見続けるのは喜びだった。国や海を越えて協働してきた多くのジャーナリストに『おめでとう』と言いたい」と語った。

そして、「これまでに多くの授賞式に招かれ、それらはすべて素晴らしいものだったが、今回の授賞式は経験したことのないほどすごいものだった」と冗談交じりに話している。

実は、前述の南アフリカでのインタビューの際に、ルイスは気になることを語っていた。趣旨が異なるとの判断で前項では触れなかったのだが、考え直して、ここに記載する。

「ICIJが評価されることはうれしいが、仮に、こうした評価によってICIJが他の主要メディアのようになっては意味がない。私はICIJの運営には関わっていないが、得てして名声は自己認識を誤らせる。ICIJが主要メディアだけを相手にするようになれば、多くのジャーナリストの期待を裏切ることになる。そうならないことを祈る」

ルイスが語る「他の主要メディアのようになっては意味がない」という言葉は、ユース・トゥデイ（Youth Today：YT）の代表のサラ・フリッツ（Sara Fritz）が語った〝男の子のニュース〟に血眼になる主要メディアと呼応する言葉のように思える。新聞やテレビは、青少年の問題など人々の生活に根差した〝女の子のニュース〟を軽視して、安全保障などの〝男の子のニュース〟ばかりを追いかける。その結果、読者や視聴者を失い、それを埋めようとしてセレブのゴシップを取り上げるという愚を犯したというフリッツの指摘だ。

ＩＣＩＪにルイスが懸念するような変化が生じるのかは、今後も注視したい。

常に新たな挑戦を続けるルイスが語った「ジャーナリストなきジャーナリズム」。そして、この高い評価によってＩＣＩＪが変質するのではないかとの懸念。それはルイスだけでなく、私たちすべてのジャーナリストが考えるべきことなのかもしれない。

終章

問われているものの本質とは

ニュースのタネが投じた一石

筆者が編集長を務めるニュースのタネが2015年10月5日に報じた記事は、誕生間もなく知名度の低い非営利報道にとって、記録的なアクセス件数となった(1)。それは、同年9月の国連総会出席時の安倍首相の現地での記者会見が事前に質問を調整した出来レースだったことを官邸の内部資料から報じたもので、掲載後の3日間で14万件のアクセスを記録している。

当事者でもある新聞、通信、テレビといったメディアは、このニュースを当然のように黙殺した。しかし、インターネットのニュースでは掲載の要望が相次いだ。

この記事は、権力者とジャーナリストが対峙すべき記者会見の場が、実際にはあらかじめ整理された予定調和であることを明らかにしたもので、これは日本のメディアの抱える構造的な問題に一石を投じたものとも言える。

序章で触れた、日本のメディアに対する英ガーディアン紙の指摘はここでも正しい。なぜ、首相の記者会見という記者の真剣勝負が最も期待される場で、このような茶番が行われるのだろうか。

これは、日本の報道機関が腐敗しているからではない。単に、質問される側と記事を書く側の双方の利害が一致した結果だ。答えられない質問をされて困窮する姿をさらしたくない権力者と、明確に答えてくれないと記事を書けずに困ると考えるジャーナリスト側との妥協の産物ということだ。

しかし、それ自体がジャーナリズムの権力監視という本来あるべき責務を放棄したと見なされかねない行為であることを、日本のメディアはそろそろ自覚すべき時期に来ている。欧米のジャーナリズムだけではなく、日本でもニュースのタネを読むような社会問題に関心の高い人は、それを感じつつあるのだ。

それはつまり、「報道機関は権力監視機能を重視すべきだ」という声が、市民の中から確実に湧き上がっているということだ。その思いを突き詰めていくと、本書の前提となっている調査報道の重視ということに行き着くのである。

ニュースのタネのウェブサイト

『クローズアップ現代』で露呈した問題

もう一つ、その思いを強くした出来事がある。2015年に発覚したNHKの看板報道番組『クローズアップ現代』で、取材班に「過剰な演出があった」とされた問題だ(2)。

この番組は、多重債務者が出家をすると借金の取り立てが追えなくなるということを前提に、出家詐欺を斡旋するブローカーがいるという内容で、調査報道を前面に出したつくりになっていた(3)。

ブローカーが出家詐欺を斡旋する現場を撮影した上で、当事者らに直接カメラを向けて取材をするという衝撃的な内容であったが、後に週刊文春の報道(4)で、ブローカーとされた人物が自分はブローカーではないと主張したことから、やらせと捏造の疑惑が浮上した。NHKの内部調査の結果、「過剰な演出があった」などとして、取材を担当した記者が停職3カ月の処分を受けるなど、関係者多数が処分を受けるものとなった。

このときに処分された記者は、筆者がNHK大阪放送局で司法クラブのキャップをしていたときに苦楽をともにした後輩であり、筆者も強い関心を持って状況を見ていた。

一連の騒動で感じたことは、この問題がこの記者一人の問題に起因するものではないということ、また長年にわたって調査報道という取材形態を軽視してきたつけがここに来て露呈したということだ。

NHKはこの問題の後、内部で職員による再発防止会議を頻繁に開いている他、取材の仕方やインタビュー映像の撮り方などについて講習会を開くなどの措置を取っている。しかし、実のところそれは本質ではない。

調査報道を少なくとも発表報道と同じくらい重要な取り組みに据えた上で、その精神、目指すもの、そしてその困難さを記者やディレクター、カメラマンといった取材者が常に試行錯誤する状況をつくらない限り、根本的な解決とはならない。まして視聴者の不信感を払拭することはできない。

民主主義の監視者としての役割を果たすために

しかしながら筆者は、以前の職場を批判することに血眼になることをよしとしない。

NHKには問題も多いが、よい番組も多い。第1章で記した「パナマ文書」の取材を一緒に行った取材班の志と能力は、間違いなく日本を代表するジャーナリズムと言ってよいだろう。それは、「パラダイス文書」にも引き継がれている。

また、これはNHKだけの問題ではない。調査報道よりも発表報道を重視してきたのは、日本のメディア全体が持つ伝統であり慣習だ。

そしてその結果、妙なことも起きている。発表報道を前提にしているが故に、情報源の明示がずさんなものになっているのだ。この情報源は匿名であることが多い。それは仕方ないことだとも思う。発表報道にしても、発表前に報じる以上は、情報源を明示することでその情報源が危険な状況に追い込まれることもあり得るからだ。

しかし、だからと言って、情報源にうそを書くことはできない。一方で、それなりにニュースの信ぴょう性を担保できる程度の事実関係を伝える必要がある。ところが、日本の報道にはそうした努力がまったく見られない。一言で言えば、ずさんだ。

例えば、2018年1月8日、テレビ朝日の『報道ステーション』では、次のようなニュースを流した。

・米国による北朝鮮攻撃計画の内容を独自に入手した。

・それによると、米国は北朝鮮のミサイル発射施設などをピンポイントで攻撃する計画だという。
・北朝鮮は、仮に米国が先制攻撃をしても反撃はしないと米国政府は判断した。

従来、北朝鮮への先制攻撃は、韓国、日本への反撃が不可避だとして米国政府も慎重になっていたとされる。このニュースでは、「北朝鮮は反撃しない」と米国政府が判断したというのだから、本当だとすれば大変な特ダネとなる。

しかし、奇妙なのはそのニュースの根拠だ。一言、「アメリカ政府関係者」と伝えただけで終わっている。もちろん、これだけのニュースの情報源を実名で報道することはできないだろう。けれども、「アメリカ政府関係者」という説明は極めてあいまいであり、情報の信ぴょう性に疑問を生じさせる。これは情報源の秘匿というレベルの問題ではなく、ニュースの信ぴょう性の問題であり、視聴者に対する説明責任の放棄に等しい。

もっとも、これはテレビ朝日に限った話ではない。この『報道ステーション』はあくまでも一例でしかない。こうした「政府関係者によると」や「事件関係者によると」、あるいは「関係筋によると」といった表現は、日本の報道では枚挙にいとまがない。例えば、「日米関係筋」などという表現に至っては、日本側なのか米国側なのかさえ不明だ。

一方、米国でも匿名情報の利用は多いが、日本よりはるかに丁寧な説明をしている。例えば、2017年2月9日のワシントン・ポスト紙が、トランプ政権で国家安全保障担当の大統領補佐官をしていたマイケル・フリンによる駐米ロシア大使との不適切な接触について報じたとき、駐米ロシア大使に対する盗聴記録にアクセスできる政府幹部9人に確認を取ったと記載している。実名ではないが、単に「米国政府関係者」で済ませるような横着はしていない。

実は、情報の根拠を可能な限り明らかにするという努力が、前述の『クローズアップ現代』の問題を考える上でも重要なポイントだということが分かる。政府の発表に頼らない調査報道を行うことで、おのずと情報源の説明も丁寧になる。また、うその報道を排除するという意識も生まれる。発表報道が当然とされるメディアと、この匿名の情報源についての稚拙な扱いはリンクしている。

こうした状態は変えなければならない。ニュースを消費する我々は、もう少し日本の報道を厳しく見る必要がある。

そうした懸念は存在するものの、では主要メディアで働く人々が優秀でないかといえばそれは違う。実際には、新聞、通信、テレビ各社には優秀な人材が集まっている。古巣のＮＨＫはもちろんだが、新聞、通信、テレビ各社など、他のメディアも同様だ。優秀なだけではない。高い意識を共有している記者、テレビ制作者も多い。

だから思う。今、求められているのは無意味な批判や批評ではないと。我々ジャーナリストが行うべきは、その逆だろう。連携であり、協働だ。ジャーナリストが立場はもちろんのこと、組織や国境の壁を越えて協働することこそが必要なのだと思う。

チャールズ・ルイスが主要メディアのＣＢＳテレビを辞めたのは、主要メディアに深い失望を覚えたからだった。しかしその一方で、新聞、テレビといった主要メディアへの信頼と期待は失わなかった。そのため、彼は協働するという選択肢を選び、それが彼の非営利報道を大きくし、パナマ文書につながる道を築くことになる。それはルイス個人の勝利ではなく、ジャーナリズムの勝利なのだと思う。

日本でも、協働に向けて進まなければならない。ルイスの言葉を借りるならば、「ジャーナリストは競い合うのではなく、協働しなければならない」。その際、非営利報道は、既存の主要メディアとフリーランスのジャーナリスト、研究者など、すべての関係者を連携させる鎹《かすがい》の役割を担うだろう。その協働によって日本のジャーナリズムは、批判すべきものを批判する、健全な民主主義の監視者としての役割を全うするようになる。

【注釈】

（1） https://seedsfornews.com/2015/10/abe-conference/

（2） http://www.nhk.or.jp/pr/keiei/cyousaiinkai/pdf/150428_houkokusyo.pdf

（3） http://www.nhk.or.jp/gendai/articles/3496/index.html

（4） http://shukan.bunshun.jp/articles/-/4930

おわりに

本書は、2010年から2011年にかけて、ワシントンDCのアメリカン大学で客員研究員として過ごした際の研究内容を土台に執筆している。

アメリカン大学で学ぶことができたのは、NHKの海外派遣制度によるものだが、実は、それは例外的な措置だった。当時、NHKには入局15年未満を対象とした海外派遣制度はあったが、既に筆者は入局20年目だった。また、留学などのための休職も認められておらず、NHKを辞めて行くことが半ば決まっていた。

ただ、そのとき筆者は、「入局15年未満にのみ海外派遣を認めるという規定は記者の実状に合わない」との意見書を提出していた。それがNHKの理事の中で議論となり、急きょ、筆者の海外派遣が認められたということだった。その具体的な議論を知らないし、誰の判断だったのかも知らないが、この海外派遣を認めてくれた関係者にはこの場を借りて謝意を表したい。

そして、本書の土台とも言えるその派遣の内容をまとめたのは、２０１４年４月から２０１６年３月まで在籍した放送大学大学院修士課程だった。

その修士論文の執筆に当たっては、当時、放送大学大学院の指導教官だった御厨貴東京大学名誉教授にご指導いただいた。

本書は、その修士論文を土台にしつつ、２０１７年１月から半年にわたって再び在籍したアメリカン大学での研究内容も加筆している。その際には、一橋大学時代の指導教官だった油井大三郎一橋大学・東京大学名誉教授にも参考文献でご教示をいただいた。

御厨名誉教授、油井名誉教授という、政治学と歴史学の両分野の巨頭とも言える存在に教えを受けたことは筆者の誇りであり、この場を借りてお二人に謝意を表したい。

また、放送大学大学院の御厨ゼミで切《せっ》磋《さ》琢《たく》磨《ま》したゼミ生からも多くを学ばせてもらった。筆者はゼミの二期生であり、今回の書籍化の実現には、一期生で大阪芸術大学の松尾理也教授のアドバイスによるところが大きい。この場を借りて謝意を表したい。そして出版の機会を与えてくれた公益財団法人新聞通信調査会にも感謝したい。応募作品の中から選ばれなければ、無名の筆者が書籍を刊行することは不可能だった。

さらに、ＮＨＫを辞めて渡米する際に資金を用意してくれ、「骨は拾うから頑張ってこい」と送り出してくれた金宮秀憲氏、帰国後の取り組みを支援してくれた五影隆則氏にもこの場を借りて謝意を表したい。そして、安定した生活を捨てて自分の道を歩むという筆者のわがままを許してくれた両親と家族に感謝したい。

And of course, I must express my gratitude to American University community and the member of Investigative Reporting Workshop such as Managing Editor, Lynne Perri for giving me a chance to conduct my research in the US. And of course, my deepest respect and gratitude goes to Professor Charles Lewis…or I should say “Chuck”.

【著者紹介】

立岩 陽一郎（たていわ・よういちろう）

1967年生まれ。神奈川県横浜市出身、一橋大学社会学部卒。NHKでテヘラン特派員、社会部記者、国際放送局デスクとして主に調査報道に従事。政府が随意契約を恣意的に使っている実態を暴き随意契約原則禁止のきっかけをつくったほか、大阪の印刷会社で化学物質を原因とした胆管がん被害が発生していることをスクープ。「パナマ文書」の取材に中心的に関わった後にNHKを退職。現在は認定NPO「ニュースのタネ」編集長、公益財団法人「政治資金センター」事務局長として活動。

NPOメディアが切《き》り開《ひら》くジャーナリズム

――「パナマ文書《ぶんしょ》」報道《ほうどう》の真相《しんそう》

2018年3月30日　初版発行
2018年4月18日　第２刷発行

著　者　　立岩 陽一郎
発行者　　西沢 豊
発行所　　公益財団法人新聞通信調査会

〒100-0011 東京都千代田区内幸町 2-2-1
日本プレスセンタービル1階
電話 03-3593-1081（代表）
URL: http://www.chosakai.gr.jp
ISBN978-4-907087-12-8　C0036

公益財団法人新聞通信調査会　2017年度出版補助対象書籍

編集：公益財団法人新聞通信調査会　倉沢章夫
編集協力：時事通信出版局
装幀・本文デザイン：梅井裕子（デックC.C.）
印刷・製本：太平印刷社